中经金课会计专业精品课程

新时代高等教育"互联网+"创新型教材

税务会计实训

Tax Accounting Training

主　编　周嫔婷　李　敏　张思檬
副主编　张玉梅　杨　智

中国经济出版社

图书在版编目（CIP）数据

税务会计实训 / 周嫔婷，李敏，张思檬主编. -- 北京：中国经济出版社，2022.8（2025.8重印）

中经金课会计专业精品课程

ISBN 978-7-5136-7050-0

Ⅰ. ①税⋯ Ⅱ. ①周⋯ ②李⋯ ③张⋯ Ⅲ. ①税务会计－高等学校－教材 Ⅳ. ①F810.62

中国版本图书馆CIP数据核字（2022）第149370号

选题策划	雷　生
责任编辑	彭　欣
责任印制	李　伟
封面设计	牧野春晖

出版发行	中国经济出版社
印 刷 者	北京艾普海德印刷有限公司
经 销 者	各地新华书店
开　　本	889mm×1194mm　1/16
印　　张	9.5
字　　数	258千字
版　　次	2022年8月第1版
印　　次	2025年8月第2次
定　　价	49.00元

广告经营许可证　京西工商广字第8179号

中国经济出版社 网址 www.economyph.com　**社址** 北京市东城区安定门外大街58号　**邮编 100011**

本版图书如存在印装质量问题，请与本社销售中心联系调换（联系电话：010-57512564）

版权所有　盗版必究（举报电话：010-57512600）

国家版权局反盗版举报中心（举报电话：12390）　　　服务热线：010-57512564

EDITORIAL BOARD 编委会

主　任　唐大鹏（东北财经大学教授）
成　员　陈　婧　　郭　娟　　侯建云
　　　　　胡　迪　　姜新阳　　焦建秋
　　　　　刘春苗　　罗雅兰　　李　敏
　　　　　李　锐　　李　琦　　李建民
　　　　　吕杨杨　　欧泇彤　　裴　雯
　　　　　潘宗玲　　孙艺馨　　尚玉霞
　　　　　佟　玲　　吴养学　　王彩丽
　　　　　许素青　　杨　尚　　杨　智
　　　　　张晓毅　　张　静　　张思檬
　　　　　张　毅　　张玉梅　　周嫔婷

（以姓名拼音排序）

PREFACE 前言

"税务会计实训"是高校财经类专业学生的素质课程。本教材是以最新的企业会计准则及制度等专业规范为依据，针对会计工作岗位对从业人员的职业能力和职业素养要求，紧扣院校会计专业的人才培养目标，立足社会对应用型会计人才的实际需要，在总结长期的教学改革经验基础上，开发的与基础会计教材配套使用的实训教材。

本教材具有以下特色。

1. 内容新颖，前沿性强

本教材借鉴国内最新的教材，结合我国财务会计法规和会计准则，用最新的知识充实教材内容。

2. 操作性好，系统性强

本教材在每个项目实训内容的安排上，首先让学生了解实训目的与实训要求，其次突出专业知识在税务会计实训中的应用。本教材的会计相关训练项目展现经济业务内容，有较强的职业实践性和业务可操作性，让学生熟练掌握会计工作基本流程，为学生在专业会计课程中进一步学习岗位技能奠定基础。

3. 项目导向，任务驱动

本教材围绕职业能力的形成，科学设计和选择项目，以完成项目的典型工作过程为任务，以任务引领知识、技能和态度，让学生顺利完成完整的工作项目。

4. 资源丰富，方便教学

本教材对每个项目的实训目的均有明确说明，便于学生学习操作。在本套教材出版的同时，为教师提供教学资源库，每个项目均设有训练习题，以方便教师教学。

本教材在编写过程中，参考了许多财务会计类专著、教材，以及互联网上相关资料，在此一并向作者表示感谢。

由于编者水平有限，书中难免存在疏漏和不足之处。我们期待使用本教材的各位专家及广大读者不吝指正，以便我们对教材进一步修订和完善。

编　者

2022 年 3 月

CONTENTS 目录

前言 ···················· IV

项目 1 税法与税务会计基础 ········· 1
　　任务 1.1 理论测试 ·············· 2
　　任务 1.2 实训内容 ·············· 7

项目 2 增值税 ················ 8
　　任务 2.1 理论测试 ·············· 9
　　任务 2.2 实训内容 ············· 16

项目 3 消费税 ··············· 19
　　任务 3.1 理论测试 ············· 20
　　任务 3.2 实训内容 ············· 27

项目 4 关税 ················ 29
　　任务 4.1 理论测试 ············· 30
　　任务 4.2 实训内容 ············· 37

项目 5 资源税 ··············· 39
　　任务 5.1 理论测试 ············· 40
　　任务 5.2 实训内容 ············· 47

项目 6 财产和行为税 ··········· 49
　　任务 6.1 理论测试 ············· 50
　　任务 6.2 实训内容 ············· 56

项目 7 特定目的税 ……… 58
- 任务 7.1 理论测试 ……… 59
- 任务 7.2 实训内容 ……… 66

项目 8 企业所得税 ……… 69
- 任务 8.1 理论测试 ……… 70
- 任务 8.2 实训内容 ……… 77

项目 9 个人所得税 ……… 79
- 任务 9.1 理论测试 ……… 80
- 任务 9.2 实训内容 ……… 87

项目 10 综合测试题 ……… 89
- 综合测试（一）……… 90
- 综合测试（二）……… 98
- 综合测试（三）……… 106
- 综合测试（四）……… 113
- 综合测试（五）……… 122
- 综合测试（六）……… 130
- 综合实训题 ……… 139

参考文献 ……… 144

项目 1　税法与税务会计基础

实训目的

通过模拟实训操作,使学生了解税法的含义,明确税收法律关系、征收对象及各个税种。

实训要求

◎ 了解税法的发展及概念。　　　　　　◎ 了解税法的适用原则。

实训准备

◎ 配备蓝(黑)笔、计算器。　　　　　　◎ 税法相关文献资料。

任务 1.1 理论测试

1.1.1 单选题

1. 税收是国家取得财政收入的重要工具，其本质是一种（　　）。
   A. 生产关系　　　B. 分配关系
   C. 社会关系　　　D. 阶级关系

2. 纳税人在承担税法规定义务的同时，也享有相应的权利。下列各项中，属于纳税人应承担的义务是（　　）。
   A. 进行纳税申报　　B. 进行税务检查
   C. 申请税收复议　　D. 申请延期纳税

3. 在我国税收法律关系权利主体中，纳税义务人的确定原则是（　　）。
   A. 属地兼属人原则　B. 国籍原则
   C. 实际住所原则　　D. 属地原则

4. 在税法的构成要素中，区分不同税种的主要标志要素是（　　）。
   A. 纳税义务人　　B. 征税对象
   C. 税率　　　　　D. 税目

5. 下列关于税法要素的说法中，表述不正确的是（　　）。
   A. 征税对象是税收法律关系中征纳双方权利义务共同指向的客体或标的物
   B. 所得税在分配环节纳税
   C. 税率是衡量税负轻重的重要标志
   D. 税目是征纳双方权利和义务共同指向的客体或标的物

6. 我国税收立法权规定地方政府有权制定（　　）。
   A. 税收法律　　　B. 地方性税收法规
   C. 部门规章　　　D. 地方规章

7. 按照税法的基本内容和效力不同，可以将税法分成（　　）。
   A. 中央税法与地方税法
   B. 税收实体法与税收程序法
   C. 国际税法与国内税法
   D. 税收基本法与税收普通法

8. 下列税种中，虽由税务局系统负责征收。但属于中央、地方共享的税种是（　　）。
   A. 增值税　　　　B. 土地增值税
   C. 关税　　　　　D. 城市维护建设税

9. 下列选项中，属于税收法律关系的实质，也是税法灵魂的是（　　）。
   A. 税收法律关系的内容
   B. 税收法律关系的产生、变更与消灭
   C. 税收法律关系的保护
   D. 权利主体

10. 税收"三性"是个整体，其中的核心是（　　）。
    A. 无偿性　　　　B. 强制性
    C. 固定性　　　　D. 法律性

11. 下列项目中，不属于税法中纳税时限的是（　　）。
    A. 纳税义务发生时间
    B. 纳税期限
    C. 延期纳税
    D. 缴库期限

12. 根据税收征收管理制度的规定，对国家税务局做出的具体行政行为不服的，向（　　）申请行政复议。
    A. 国家税务总局　　B. 财政部
    C. 国务院　　　　　D. 人民法院

13. 《中华人民共和国税收征收管理法》在税法的不同类型中属于（　　）。
    A. 既是实体法，又是普通法
    B. 既是实体法，又是程序法

C. 既是实体法，又是基本法

D. 既是程序法，又是普通法

14. 在税收法律关系中，权利主体双方（　　）。

A. 法律地位平等，权利义务对等

B. 法律地位平等，权利义务不对等

C. 法律地位不平等，权利义务对等

D. 法律地位不平等，权利义务不对等

15. 我国税法规定的法律责任形式有三种，其中不包括（　　）。

A. 经济责任　　　B. 行政责任

C. 民事责任　　　D. 刑事责任

16. 法律效力高于行政立法效力，这是税法（　　）原则。

A. 法律不溯及既往

B. 法律优位

C. 新法优于旧法

D. 特别法优于普通法

17. 按照税法的效力，可以将税法分为税收法律、税收法规、税务规章。下列具有最高法律效力的是（　　）。

A.《中华人民共和国企业所得税暂行条例》

B.《中华人民共和国税收征收管理法实施细则》

C.《税务部门规章制定实施办法》

D.《中华人民共和国车船税法》

18. 关于税收法律关系的概念和特点，下列表述正确的是（　　）。

A. 代表国家行使征税职责的各级国家税务机关是税收法律关系中的权利主体之一

B. 税收法律关系的成立、变更等以主体双方意思表示一致为要件

C. 权利义务关系具有对等性

D. 作为纳税主体的一方只能是征税机关

19. 新法优于旧法原则的适用，以（　　）为标志。

A. 新法生效实施　　B. 旧法失效

C. 新法公布　　　　D. 新法制定

20. 根据《中华人民共和国税收征收管理法》的规定，下列各项中，属于税收强制执行措施的有（　　）。

A. 暂扣纳税人营业执照

B. 扣押、查封纳税人的价值相当于应纳税款的商品、货物或者其他资产

C. 依法拍卖纳税人的价值相当于应纳税款的货物，以拍卖所得抵缴税款

D. 书面通知纳税人开户银行冻结纳税人的金额相当于应纳税款的存款

21. 下列选项中，属于税法适用原则的是（　　）。

A. 税收公平原则　　B. 实质课税原则

C. 税收效率原则　　D. 法律优位原则

22. 国家征税的目的是满足（　　）。

A. 企业需要　　　B. 社会公共需要

C. 私人需要　　　D. 国家需要

23. 税收产生于（　　）。

A. 原始社会　　　B. 奴隶社会

C. 封建社会　　　D. 资本主义社会

24. 税收的目的是（　　）。

A. 为社会提供公共产品

B. 组织收入

C. 满足社会公共需要

D. 履行国家职能

25. 税收的（　　）是我国宏观经济调控的重要手段。

A. 经济职能　　　B. 财政职能

C. 监督职能　　　D. 分配职能

26. 国家财政收入的主要形式是（　　）。

A. 国债　　　　　B. 国有企业上缴利润

C. 税收　　　　　D. 罚没收入

27. 纳税人纳税是否自觉，很大程度上取决于（　　）。

A. 税制与征管是否公平

B. 税率的高低

C. 税负的轻重

D. 征管效率

28. 税收必须借助（　　）强制征收。

A. 法律手段　　　B. 行政手段

C. 经济手段　　　D. 政治手段

29. 狭义的纳税主体就是通常所说的（　　），这是最主要和最普遍的纳税主体。

A. 税务机关　　　B. 扣缴义务人

C. 企业单位　　　D. 纳税人

30. 税收法律的产生、变更与消灭是由（　　）决定的。

A. 税收法律事实
B. 权利主体
C. 权利客体
D. 税收法律关系内容

1.1.2　多选题

1. 税务人员在核定应纳税额、调整税收定额、进行税务检查、实施税务行政处罚、办理税务行政复议时，与纳税人、扣缴义务人或者其法定代表人、直接责任人有下列（　　）关系的，应当回避。

A. 夫妻　　　　　B. 兄弟姐妹
C. 岳父和女婿　　D. 父子

2. 我国现行税法中采用的累进税率有（　　）。

A. 超额累进税率
B. 全率累进税率
C. 超率累进税率
D. 全额累进税率

3. 下列各项中，表述不正确的有（　　）。

A. 税目是区分不同税种的主要标志
B. 税率是衡量税负轻重的重要标志
C. 纳税人是履行纳税义务的法人和自然人
D. 征税对象是税收法律关系中征纳双方权利义务所指的物品

4. 下列各项中，有权制定税收规章的税务主管机关有（　　）。

A. 国家税务总局　　B. 财政部
C. 国务院办公厅　　D. 海关总署

5. 在税收执法过程中，在对其适用性或法律效力的判断上，一般按（　　）等原则掌握。

A. 层次高的法律优于层次低的法律
B. 同一层次的法律，特别法优于普通法
C. 国际法优于国内法
D. 实体法从旧，程序法从新

6. 《中华人民共和国企业所得税法》在税法分类中，属于（　　）。

A. 税收实体法
B. 税收普通法
C. 税收程序法
D. 中央与地方共享税

7. 税收管理体制是在各级国家机构之间划分税权的制度。税收管理权限如果按大类划分，可简单地分为（　　）。

A. 税收立法权　　B. 税收开征权
C. 税收执法权　　D. 税收调整权

8. 按征税对象划分，可将税种分为（　　）。

A. 流转税　　　　B. 所得税
C. 财产税　　　　D. 其他税

9. 税收具有（　　）的职能。

A. 组织收入　　　B. 收入分配
C. 资源配置　　　D. 宏观调控

10. 税收产生的条件是（　　）。

A. 社会发展　　　B. 社会条件
C. 公有制　　　　D. 经济条件

11. 征税对象可以是（　　）。

A. 有形动产　　　B. 货币形态
C. 实物形态　　　D. 无形资产

12. 税收制度的基本要素有（　　）。

A. 纳税人　　　　B. 征税对象
C. 税率　　　　　D. 纳税期限

13. 我国税收实体法主要包括（　　）。

A. 税收法律　　　B. 税收行政法规
C. 税收基本法　　D. 国际条约

14. 税收区别于其他财政收入取得方式的独有特征，即税收的"三性"是（　　）。

A. 合法性　　　　B. 固定性
C. 无偿性　　　　D. 强制性

15. 下列关于税收强制性叙述正确的有（　　）。

A. 税收强制性依据的是国家的政治权力
B. 对国有企业征税不具有强制性，而具有自愿性

C. 税收的强制性亦即对纳税人的惩罚

D. 税收的强制性是以法律形式规定的

16. 对税收实体法要素中有关课税对象的表述，下列说法正确的有（   ）。

A. 课税对象是国家征税的依据

B. 税目是一种税区别于另一种税的最主要标志

C. 从实物形态分析，课税对象与计税依据是一致的

D. 从个人所得税来看，课税对象与税源是一致的

17. 属于税额式优惠的有（   ）。

A. 即征即退　　　B. 全部免征

C. 跨期结转　　　D. 减半征收

18. 下列税种中，采用比例税率征收的有（   ）。

A. 消费税

B. 个人所得税

C. 城镇土地使用税

D. 城市维护建设税

19. 目前采用定额税率的有（   ）。

A. 资源税　　　B. 车船税

C. 城镇土地使用税　D. 土地增值税

20. 引起税收法律关系消灭的原因包括（   ）。

A. 税务机关组织结构的变化

B. 纳税人履行了纳税义务

C. 纳税义务超过追征期限

D. 纳税人的纳税义务被依法免除

21. 税法的技术性主要表现在两个方面：一是表现在税收实体法中，二是表现在税收程序法中。下列哪几项可以体现税法的技术性（   ）。

A. 优惠税率的确定　B. 税目的选择

C. 税务登记制度　　D. 发票制度和管辖制度

22. 以下关于税法概念的相关理解，正确的有（   ）。

A. 税法是税收制度的法律表现形式

B. 税法是税收制度的核心内容

C. 税法属于权利性法规

D. 税法属于综合性法规

23. 中国现行税制中采用的累进税率有（   ）。

A. 全额累进税率　　B. 超倍累进税率

C. 超额累进税率　　D. 超率累进税率

24. 税法的规范功能包括（   ）。

A. 税法的指引功能

B. 税法的评价功能

C. 税法的预测功能

D. 税法的强制功能

25. 下列关于税收执法权的表述，正确的有（   ）。

A. 各地均不得擅自停征全国性的地方税种

B. 各地一律不得自行制定涉外税收的优惠措施

C. 经全国人大及其常委会和国务院的批准，经济特区可以在享有一般地方税收管理权之外，拥有一些特殊的税收管理权

D. 在税法规定之外，为了促进地区发展，地方有关部门可以对某些税种给予减免税优惠

26. 税务会计的特点有（   ）。

A. 税法导向性　　B. 税务筹划性

C. 协调性　　　　D. 广泛性

27. 以下属于税务会计要素的有（   ）。

A. 计税依据　　　B. 税率

C. 应税收入　　　D. 扣除费用

28. 税务会计与财务会计的区别主要表现在（   ）。

A. 目标不同

B. 对象不同

C. 核算基础、处理依据不同

D. 计算损益的程序不同

29. 我国行使征税职责的国家机关包括（   ）。

A. 税务机关　　　B. 财政机关

C. 海关　　　　　D. 税务代理机构

30. 减轻纳税人负担的措施主要有（   ）。

A. 附加　　　　　B. 加成

C. 减税　　　　　D. 免税

1.1.3 判断题

1. 税收是国家取得财政收入的基本形式。（ ）
2. 税收法律关系的一个重要特征是权利主体双方法律地位平等，但双方的权利和义务不对等。（ ）
3. 在税收执法过程中，应当遵循"实体法从新、程序法从旧"的原则。（ ）
4. 在税收法律关系中，征纳双方法律地位的平等主要体现为双方权利与义务的对等。（ ）
5. 国务院经授权立法制定的《中华人民共和国增值税暂行条例》具有国家法律的性质和地位。（ ）
6. 税收具有区别于其他财政收入形式的独有特征，即税收的"三属性"：强制性、固定性、无偿性。（ ）
7. 税收的本质是无偿。（ ）
8. 税收法律关系包括税收法律关系的主体、客体和税收法律关系的内容三个方面。（ ）
9. 税收是引起税收法律关系的前提条件，但税法本身并不能产生具体的税收法律关系。（ ）
10. 税收法律事实可以分为税收法律事件和税收法律行为。（ ）
11. 免税是对应纳税额少征部分税款，减税是对应纳税额全部免征。（ ）
12. 罚则是指对纳税人违反税法行为采取的处罚措施。（ ）
13. 流转税类包括增值税、消费税和关税等。（ ）
14. 税务会计以财务会计为基础。（ ）
15. 税收是实现国家财政收入的主要手段，税法是保障税收有效实现的法律手段，税收活动要遵守税法规定。（ ）
16. 纳税环节主要指税法规定的征税对象在从生产到消费的流转过程中应当缴纳税款的环节。（ ）
17. 税率是在税法中对征税对象分类规定的具体征税项目，反映了具体的征税范围，是对课税对象质的界定。（ ）
18. 超额累进税率，是指以征税对象的某种比例为累进依据，按照超额累进方式计算应纳税额的税率。（ ）
19. 比例税率是指对同一征税对象或同一税目，不论数额大小，都按同一比例征税的税率。（ ）
20. 零税率就是免税。（ ）
21. 依现行企业所得税政策规定，纳税人仅就其境内所得申报纳税。（ ）
22. 税务管理包括税务开业登记、变更登记、注销登记等。（ ）
23. 以暴力、威胁方法拒不缴纳税款的，是抗税。（ ）
24. 纳税地点是指纳税人申报缴纳税款的地点。不同税种的纳税地点不完全相同。（ ）
25. 税务会计依据税收法律法规，遵循收付实现制、应收应付制和权责发生制。（ ）
26. 税务会计与财务会计相辅相成、相互借鉴，共同承担会计责任。（ ）
27. 生产型增值税是指，在征收增值税时，只能扣除属于非固定资产项目的生产资料的税款，不允许扣除固定资产价值中含有的税款。该类型增值税的征税对象大体上相当于国民生产总值，因此称为"生产型增值税"。（ ）
28. 无偿性是指国家征税后，税款即成为国家的财政收入，既不直接归还纳税人，也不向纳税人支付任何报酬。（ ）
29. 无偿性是税收的核心特征，强制性和固定性是对无偿性的保证与约束。（ ）
30. 税收程序法的构成要素包括：纳税期限、纳税地点、税务争议、税收法律责任。（ ）

1.1.4 思考题

1. 因纳税人死亡导致纳税义务终止,"纳税人死亡"是税收法律事件还是税收法律行为?
2. 什么是税务会计?
3. 税务会计与财务会计有何区别和联系?
4. 什么是税收法律关系?
5. 税务会计为何从财务会计中分离出来?
6. 税收与税法的关系。
7. 什么是征税对象?
8. 我国的税法体系包括哪些?
9. 税务会计的特点有哪些?
10. 税务会计的目标有哪些?
11. 纳税期限是指什么?
12. 什么是税法?
13. 累进税率是指什么?
14. 财务会计计算损益公式有哪些?

任务 1.2 实训内容

1.2.1 实训一

实训资料:

王某在失业后,听从朋友的建议开了一家饭馆,生意兴隆,收入稳定。税务机关发现王某没有交税后,通知他纳税。

实训要求:

王某认为自己是失业人员,不吃国家的低保,自己养活自己减轻了国家的负担,辛辛苦苦挣点钱,为什么白白地交给国家?王某的辩解是否合理合法,其究竟有无纳税义务?

1.2.2 实训二

实训资料:

税法与经济法的关系一直是学者争论的话题,现在有学者认为税法和经济法不是简单的被包含与包含的关系,税法不是经济法的分支,而是独立于经济法的法律部门。

实训要求:

你对税法的独立性有何看法,你认为税法和经济法的关系是什么?

项目 2　增值税

实训目的

通过实训练习,使学生了解增值税的相关含义及纳税人,能清楚了解应缴税货物和不征、免征货物。明确增值税的不同税率,并正确计算。

实训要求

◎ 掌握增值税的计算方法。
◎ 掌握增值税的税收优惠政策。
◎ 掌握增值税的核算方法。
◎ 理解视同销售货物行为。

实训准备

◎ 《中华人民共和国增值税暂行条例》《中华人民共和国增值税暂行条例实施细则》。
◎ 配备蓝(黑)笔、计算器。

任务 2.1 理论测试

2.1.1 单选题

1. 下列行为属于视同销售货物，应征收增值税的有（　　）。
   A. 某批发部门将外购的部分饮料用于个人消费
   B. 商店为厂家代销服装
   C. 某企业将外购的水泥用于基建工程
   D. 某企业将外购的床单用于职工福利

2. 下列混合销售行为中，应当征收增值税的是（　　）。
   A. 零售商店销售家具并实行有偿送货上门服务
   B. 电信部门自己销售移动电话并为客户有偿提供电信服务
   C. 装潢公司为客户包工包料装修房屋
   D. 饭店提供餐饮服务并销售酒水

3. 下列行为，应征收增值税的是（　　）。
   A. 典当业的死当物品销售
   B. 邮政部门销售的集邮商品
   C. 邮政部门发行的报刊
   D. 银行开办的融资租赁业务

4. 下列经营行为，属增值税征收范围的是（　　）。
   A. 某社会团体下属企业销售货物
   B. 个人向受雇企业提供应税劳务
   C. 某生产企业附设饭店对外经营
   D. 某生产企业对外出租设备

5. 某服装厂受托加工一批演出服装，衣料由某剧团提供，并支付加工费 10 000 元。增值税由（　　）缴纳。
   A. 服装厂
   B. 剧团
   C. 服装厂代扣代缴
   D. 剧团代扣代缴

6. 下列各项收入中，应缴纳增值税的是（　　）。
   A. 某电视台广告播映收入
   B. 邮政部门邮政储蓄收入
   C. 地产开发公司销售办公楼收入
   D. 某商店销售化妆品收入

7. 一般纳税人销售货物，适用 9% 税率的是（　　）。
   A. 销售图书　　B. 销售钢材
   C. 销售化妆品　　D. 销售机器设备

8. 某单位采取折扣方式销售货物，折扣额单独开发货票，增值税计税销售额是（　　）。
   A. 扣除折扣额的销售额
   B. 不扣除折扣额的销售额
   C. 折扣额
   D. 加上折扣额的销售额

9. 某单位外购如下货物，按照增值税的有关规定，可以作为进项税额从销项税额中抵扣的是（　　）。
   A. 外购的低值易耗品
   B. 外购的固定资产
   C. 外购的货物用于基建工程
   D. 外购的货物分给职工

10. 采用预收货款方式销售货物，其增值税纳税义务发生时间为（　　）。
    A. 收到预收款的当天
    B. 货物发出的当天
    C. 货物送达购货方的当天
    D. 签订购销合同的当天

11. 单位将自产、委托加工和购进的货物用于下列项目的，均属于增值税视同销售货物行为，应征收增值税的是（　　）。
    A. 非增值税应税项目
    B. 集体福利

C. 个人消费

D. 无偿赠送其他单位

12. 根据增值税法律制度的规定，下列各项中，应征收增值税的是（　　）。

A. 被保险人获得的保险赔付

B. 航空公司根据国家指令无偿提供用于公益事业的航空运输服务

C. 居民存款利息

D. 母公司向子公司出售不动产

13. 根据增值税法律制度的规定，增值税纳税人收取的下列款项应并入销售额征税的是（　　）。

A. 受托加工应征消费税的消费品所代收代缴的消费税

B. 销售货物的同时代办保险并向购买方收取的保险费

C. 销售货物因购货方延期付款而收取的延期付款利息

D. 销售汽车向购买方收取的代缴的车辆购置税

14. 在境内提供应税服务，是指（　　）在境内。

A. 应税服务提供方

B. 应税服务接受方

C. 应税服务提供方或者接受方

D. 应税服务提供方和接受方

15. 根据增值税法律制度的规定，下列各项中，免征增值税的是（　　）。

A. 单位销售自己使用过的小汽车

B. 企业销售自产的仪器设备

C. 外贸公司进口服装

D. 农业生产者销售自产的蔬菜

16. 根据增值税法律制度的规定，下列关于增值税专用发票记账联用途的表述，正确的是（　　）。

A. 作为购买方核算采购成本的记账凭证

B. 作为销售方核算销售收入和增值税销项税额的记账凭证

C. 作为购买方报送主管税务机关认证和留存备查的扣税凭证

D. 作为购买方核算增值税进项税额的记账凭证

17. 甲餐饮企业为增值税一般纳税人。2021年8月，甲餐饮企业提供餐饮服务取得不含税销售额70万元。该企业当月的销项税额为（　　）万元。

A. 4.2　　　　　B. 9.1

C. 6.3　　　　　D. 11.9

18. 甲公司为增值税一般纳税人，2021年5月，甲公司将一套机器设备出租给乙公司，收取了不含税租金16万元。甲公司该笔收入的销项税额为（　　）万元。

A. 2.08　　　　B. 1.44

C. 2.72　　　　D. 0.96

19. 甲公司为增值税一般纳税人，2022年1月从国外进口一批音响，海关核定的关税完税价格为226万元，缴纳关税20万元。已知增值税税率为13%，甲公司该笔业务应缴纳增值税税额的下列计算中，正确的是（　　）。

A. 226×13% = 29.38（万元）

B. （226 + 20）×13% = 31.98（万元）

C. 226÷（1 + 13%）×13% = 26（万元）

D. （226 + 20）÷（1 + 13%）×13% = 28.30（万元）

20. 2021年1月，乙公司销售红酒取得含增值税价款339 000元，另收取包装物租金1 000元。已知增值税税率为13%，乙公司当月该笔业务增值税销项税额的下列计算中，正确的是（　　）。

A. 339 000÷（1 + 13%）×13% = 39 000（元）

B. （339 000 + 1 000）÷（1 + 13%）×13% = 39 115.04（元）

C. 339 000×13% = 44 070（元）

D. （339 000 + 1 000）×13% = 44 200（元）

21. 根据增值税法律制度的规定，下列各项中，不属于免税项目的是（　　）。

A. 养老机构提供的养老服务

B. 装修公司提供的装饰服务

C. 婚介所提供的婚姻介绍服务

D. 托儿所提供的保育服务

22. 根据增值税法律制度的规定，下列有关应税服务的范围表述不正确的是（　　）。

A. 航空地面服务属于航空运输服务的范围

B. 航空运输的湿租业务，属于航空运输服务

C. 远洋运输的程租、期租业务，属于水路运输服务

D. 出售宽带属于基础电信服务

23. 甲公司为增值税小规模纳税人，2021年6月提供设计服务取得含增值税价款300 000元；因服务终止，退还客户含增值税价款13 000元，并由税务机关代开红字专用发票。已知小规模纳税人增值税征收率为1%，甲设计公司当月应缴纳增值税税额的下列计算中，正确的是（　　）。

A. 300 000÷（1＋1%）×1%＝2 970.3（元）

B. 300 000×1%＝3 000（元）

C. （300 000－13 000）÷（1＋1%）×1%＝2 841.58（元）

D. （300 000－13 000）×1%＝2 870（元）

24. 我国现行的增值税属于（　　）。

A. 消费型增值税　　B. 收入型增值税

C. 生产型增值税　　D. 积累型增值税

25. 根据增值税法律制度的规定，下列关于增值税纳税义务发生时间的表述，不正确的是（　　）。

A. 纳税人采取直接收款方式销售货物，为货物发出的当天

B. 纳税人销售应税劳务，为提供劳务同时收讫销售款或者取得销售款凭据的当天

C. 纳税人采取委托银行收款方式销售货物，为发出货物并办妥托收手续的当天

D. 纳税人进口货物，为报关进口的当天

26. 根据增值税法律制度的规定，下列关于增值税纳税义务发生时间的表述，不正确的是（　　）。

A. 纳税人提供租赁服务采取预收款方式的，为租期届满的当天

B. 纳税人发生应税行为先开具发票的，为开具发票的当天

C. 纳税人发生视同销售不动产的，为不动产权属变更的当天

D. 纳税人从事金融商品转让的，为金融商品所有权转移的当天

27. 甲电器专卖店为增值税一般纳税人，2022年2月采取以旧换新方式销售A型洗衣机100台，该洗衣机的同期含税销售单价为2 400元/台，A型旧洗衣机的收购单价为300元/台，已知增值税税率为13%，甲电器专卖店当月该业务增值税销项税额的下列计算中，正确的是（　　）。

A. （2 400－300）×100×13%＝27 300（元）

B. （2 400－300）×100÷（1＋13%）×13%＝24 159.29（元）

C. 2 400×100×13%＝31 200（元）

D. 2 400×100÷（1＋13%）×13%＝27 610.62（元）

28. 甲市的A、B两店为实行统一核算的连锁店。根据增值税法律制度的规定，A店的下列经营活动中，不属于视同销售货物行为的是（　　）。

A. 将货物交付位于乙市的某商场代销

B. 销售丙市某商场委托代销的货物

C. 将货物移送到B店用于销售

D. 为促销将本店货物无偿赠送消费者

29. 根据增值税法律制度的规定，下列各项中，应按照"销售服务——生活服务"税目计缴增值税的是（　　）。

A. 文化创意服务

B. 道路通行服务

C. 广播影视服务

D. 文化体育服务

30. 甲公司为增值税一般纳税人，2021年4月采取折扣方式销售一批货物，该批货物不含税销售额80 000元，折扣额8 000元，销售额和折扣额在同一张发票的金额栏分别注明。已知增值税税率为13%。甲公司当月该笔业务增值税销项税额的下列计算中，正确的是（　　）。

A. （80 000－8 000）÷（1＋13%）×13%＝8 283.19（元）

B. 80 000×13%＝10 400（元）

C. 80 000÷（1＋13%）×13%＝9 203.54（元）

D. （80 000－8 000）×13%＝9 360（元）

2.1.2　多选题

1. 下列出口货物中，免税但不予退税的有（　　）。

A. 古旧图书

B. 避孕药品和用具

C. 国家计划内出口的原油

D. 来料加工复出口的货物

2. 根据增值税法律制度的规定，下列关于营改增行业销售额的说法，正确的有（　　）。

A. 贷款服务以提供贷款服务取得的全部利息及利息性质收入为销售额

B. 金融商品转让按照卖出价扣除买入价后的余额为销售额

C. 经纪代理服务以取得的全部价款和价外费用，扣除向委托方收取并代为支付的政府性基金或者行政事业性收费后的余额为销售额

D. 航空运输企业销售额包括代收的机场建设费和因代售其他航空运输企业客票而收转付的价款

3. 根据增值税法律制度的规定，下列各项关于增值税纳税地点的表述，正确的有（　　）。

A. 固定业户应当向其机构所在地税务机关申报纳税

B. 非固定业户销售货物或者劳务，应当向销售地或者劳务发生地的税务机关申报纳税

C. 进口货物，应当向销售地申报纳税

D. 扣缴义务人应当向其机构所在地或者居住地的税务机关申报缴纳应扣缴的税款

4. 根据增值税法律制度的规定，下列有关增值税计税销售额说法正确的有（　　）。

A. 纳税人采用以物易物方式销售货品的，由多交付货品的一方以价差计算缴纳增值税

B. 纳税人采用以旧换新方式销售家电的，以实际收取的不含增值税的价款计算缴纳增值税

C. 混合销售行为依法应当缴纳增值税的，其销售额为货品与非应税劳务营业额合计

D. 纳税人销售化妆品收取的包装物押金，在收取当期不并入销售额

5. 甲公司为增值税一般纳税人。（1）购进生产用原材料取得增值税专用发票注明税额6万元，另支付运费取得增值税专用发票注明税额0.1万元。（2）购进办公设备取得增值税专用发票注明税额4万元，上期留抵增值税税额为5万元；取得的增值税专用发票已通过税务机关认证。甲公司的下列进项税额，准予从销项税额中抵扣的是（　　）。

A. 上期留抵增值税额5万元

B. 购进办公设备的进项税额4万元

C. 购进生产用原材料的进项税额6万元

D. 支付运输费的进项税额0.1万元

6. 根据增值税法律制度的规定，一般纳税人购进货物发生的下列情形中，不得从销项税额中抵扣进项税额的有（　　）。

A. 将购进的货物分配给股东

B. 将购进的货物用于个人消费

C. 将购进的货物无偿赠送给客户

D. 将购进的货物用于集体福利

7. 甲建筑公司为增值税一般纳税人，其2021年11月发生的下列增值税进项税额中，准予从销项税额中抵扣的有（　　）。

A. 购进工程所用材料取得增值税专用发票注明税额200 000元

B. 购进施工现场修建临时建筑物所用材料取得增值税专用发票注明税额9 000元

C. 购进工程设计服务取得增值税专用发票注明税额800元

D. 购进办公用品取得增值税普通发票注明税额110元

8. 企业发生的下列行为中，应当视同销售货物缴纳增值税的有（　　）。

A. 将本企业生产的商品用于集体福利

B. 将委托加工收回的商品无偿赠送养老院

C. 将外购的货物用于个人消费

D. 将外购的货物分配给投资者

9. 根据增值税法律制度的规定，下列各项中，一般纳税人在计算增值税销项税额时，应并入销售额的有（　　）。

A. 销售货物价外向购买方收取的手续费

B. 销售货物价外向购买方收取的违约金

C. 销售货物的同时因代办保险而向购买方收取的保险费

D. 受托加工应征消费税的消费品所代收代缴的消费

10. 根据增值税法律制度的规定，下列各项中

说法错误的有（　　）。

A. 出租车公司向使用本公司自有出租车的司机收取的管理费用，属于交通运输服务税目

B. 固定电话安装费属于电信服务税目

C. 融资性售后回租属于现服务——租赁服务税目

D. 以货币投资收取固定利润或保底利润属于金融服务——贷款服务税目

11. 根据增值税法律制度的规定，下列各项中，属于增值税免税项目的有（　　）。

A. 除个体工商户以外的其他个人销售自己使用过的物品

B. 避孕药品

C. 直接用于科学研究的进口设备

D. 外国企业无偿援助的进口设备

12. 根据增值税法律制度的规定，一般纳税人销售的下列货物中，适用9%增值税税率的有（　　）。

A. 图书　　　　B. 粮食

C. 电子出版物　D. 暖气

13. 根据增值税法律制度的规定，纳税人销售货物向购买方收取的下列款项中，属于价外费用的有（　　）。

A. 延期付款利息　B. 赔偿金

C. 手续费　　　　D. 包装物租金

14. 根据增值税法律制度的规定，下列各项中，属于增值税征税范围的有（　　）。

A. 银行销售金银的业务

B. 航天运输服务

C. 卫星电视信号落地转接服务

D. 饮食业纳税人销售非现场消费的食品

15. 根据增值税法律制度的规定，除另有规定适用零税率外，境内的单位和个人销售的下列服务免征增值税的有（　　）。

A. 为出口货物提供的邮政服务

B. 为出口货物提供的保险服务

C. 存储地点在境外的仓储服务

D. 以无运输工具承运方式提供的国际运输服务

16. 根据增值税法律制度的规定，一般纳税人购进的下列服务中，准予抵扣进项税额的有（　　）。

A. 住宿服务　　B. 餐饮服务

C. 贷款服务　　D. 广告服务

17. 根据增值税法律制度的规定，下列各项中说法错误的是（　　）。

A. 航道疏浚服务属于建筑服务税目

B. 工程勘察勘探服务属于建筑服务税目

C. 车辆停放服务属于物流辅助服务税目

D. 道路通行服务属于交通运输服务税目

18. 某市食品厂为增值税一般纳税人，购进生产用原材料取得增值税专用发票注明税额26 000元；购进办公设备取得增值税专用发票注明税额4 000元；支付产品包装设计费取得增值税专用发票注明税额900元；购进用于集体福利的食用油取得增值税专用发票注明税额3 000元。下列该食品厂当月发生的进项税额中，准予从销项税额中抵扣的是（　　）。

A. 购进办公设备的进项税额4 000元

B. 购进用于集体福利的食用油进项税额3 000元

C. 购进生产用原材料的进项税额26 000元

D. 支付产品包装设计费的进项税额900元

19. 根据增值税法律制度的规定，下列情形中，外购货物的进项税额准予从销项税额中抵扣的有（　　）。

A. 将外购货物无偿赠送客户

B. 将外购货物作为投资提供给联营单位

C. 将外购货物用于本单位职工福利

D. 将外购货物分配给股东

20. 根据增值税法律制度的规定，下列各项中，属于交通运输服务的有（　　）。

A. 程租业务

B. 期租业务

C. 管道运输服务

D. 无运输工具承运业务

21. 根据增值税法律制度的规定，下列各项中，属于增值税征收范围的有（　　）。

A. 进口货物　　B. 销售服务

C. 销售劳务　　D. 销售不动产

22. 根据营业税改征增值税试点相关规定，一

一般纳税人发生的下列应税行为中,可以选择适用简易计税方法计缴增值税的有（　　）。

A. 电影放映服务　　B. 文化体育服务

C. 收派服务　　　　D. 公交客运服务

23. 根据增值税法律制度的规定,下列各项中,属于非经营活动情形的有（　　）。

A. 通过政府向福利院捐赠衣物

B. 行政单位收取的符合条件的政府性基金或者行政事业性收费

C. 单位聘用的员工为本单位提供取得工资的服务

D. 通过红十字会向贫困地区捐赠货物

24. 根据增值税法律制度的规定,关于纳税人发生兼营行为未分别核算销售额的,下列说法正确的有（　　）。

A. 兼有不同税率的销售货物,从高适用税率

B. 兼有不同征收率的销售货物,折中适用征收率

C. 兼有不同税率和征收率的销售货物,从高适用税率

D. 兼有不同税率的销售货物,折中适用税率

25. 根据增值税法律制度的规定,下列各项中,适用零税率的有（　　）。

A. 国际运输服务

B. 向境外单位提供的完全在境外消费的研发服务

C. 向境外单位提供的完全在境外消费的电信服务

D. 以无运输工具承运方式提供的国际运输服务

26. 根据增值税法律制度的规定,下列关于小规模纳税人的表述中,说法正确的有（　　）。

A. 小规模纳税人销售货物可以自行开具增值税专用发票

B. 小规模纳税人的标准为年应征增值税销售额 300 万元及以下

C. 小规模纳税人实行简易征税办法

D. 小规模纳税人转让其取得的不动产,按照 5% 的征收率征收增值税

27. 根据增值税法律制度的规定,下列各项中,可选择按照简易办法依照 3% 征收率计算缴纳增值税的有（　　）。

A. 县级小型水力发电单位生产的电力

B. 小规模纳税人转让取得的不动产

C. 纳税人提供选择差额纳税的劳务派遣服务

D. 建筑用和生产建筑材料所用的沙、土、石料

28. 下列自产货物中,实行增值税即征即退的有（　　）。

A. 以垃圾为燃料生产的热力

B. 以立窑法工艺生产的水泥熟料

C. 以工业废气为原料生产的高纯度二氧化碳产品

D. 以废旧沥青混凝土为原料生产的再生沥青混凝土

29. 根据增值税法律制度的规定,下列各项中,免征收增值税的有（　　）。

A. 托儿所提供的保育服务

B. 婚姻介绍所提供的婚姻介绍服务

C. 残疾人机构为社会提供的服务

D. 学生勤工俭学提供的服务

30. 以下关于增值税一般纳税人和小规模纳税人的划分规定表述正确的有（　　）。

A. 自然人不需要办理增值税一般纳税人资格登记

B. 年应税销售额未超过小规模纳税人标准的企业,也可以办理一般纳税人资格登记

C. 小规模纳税人不能开具增值税专用发票

D. 纳税人年应税销售额超过 50 万元的,应办理一般纳税人资格登记

31. 根据增值税法律制度的规定,下列凭证属于增值税扣税凭证的有（　　）。

A. 增值税普通发票

B. 海关进口增值税专用缴款书

C. 农产品收购发票

D. 农产品销售发票

2.1.3 判断题

1. 中华人民共和国境外单位或者个人在境内销售劳务，在境内未设有经营机构的，不论是否存在代理人，均直接以购买方为增值税扣缴义务人。（　）

2. 纳税人在销售活动板房、机器设备、钢结构件等自产货物的同时提供建筑、安装服务，属于混合销售行为。（　）

3. 增值税是以商品和劳务在流转过程中产生的增值额作为征税对象而征收的一种流转税。（　）

4. 水路运输的程租、期租业务，属于水路运输服务。（　）

5. 出口货物和发生的跨境应税行为，税率为零。（　）

6. 一般纳税人会计核算不健全，或者不能提供准确税务资料的，不得使用增值税专用发票，也不得抵扣进项税额。（　）

7. 企业接受捐赠属于非日常活动，取得增值税专用发票可以凭票抵扣进项税额，但是不能计入营业收入，要计入营业外收入。（　）

8. 采取委托银行收款方式销售货物的，增值税纳税义务发生时间是银行收到货款的当天。（　）

9. 采取赊销和分期收款方式销售货物的，增值税纳税义务发生时间为书面合同约定的收款日期当天；无书面合同或者书面合同没有约定收款日期的，增值税纳税义务发生时间为货物发出的当天。（　）

10. 销售劳务的，其纳税义务发生时间为提供劳务同时收讫销售款或者取得销售款凭据的当天。（　）

11. 纳税人进口货物，应当自海关填发进口增值税专用缴款书之日起10日内缴纳税款。（　）

12. 会计核算不健全，不能向税务机关准确提供增值税销项税额、进项税额以及应纳税额数据的增值税一般纳税人，不得领购开具增值税专用发票。（　）

13. 增值税属于特定目的税。（　）

14. 个人转让著作权免征增值税。（　）

15. 纳税人外购货物因管理不善丢失的，该外购货物的增值税进项税额不得从销项税额中抵扣。（　）

16. 只要年应税销售额超过规定标准，就要办理一般纳税人登记。（　）

17. 增值税纳税人销售额未到起征点的，免征增值税。（　）

18. 私营企业进口残疾人专用的物品免征增值税。（　）

19. 一般纳税人提供交通运输、邮政、基础电信、建筑、不动产租赁服务，销售不动产，转让土地使用权，税率为9%。（　）

20. 销售折让，是指企业因售出商品的质量不合格或其他原因在售价上给予购买者的减让。（　）

21. 根据增值税法律制度的规定，卫星电视信号落地转接服务，属于增值电信服务。（　）

22. 除个体经营者以外的其他个人不属于增值税一般纳税人。（　）

23. 随货物销售不单独计价的包装物销售所得，实质上是货物销售收入的一部分，应直接确认为主营业务收入。（　）

24. 实行简易办法计征增值税的小规模纳税人，购进货物或接受应税劳务时，无论是否取得增值税专用发票，其支付给销售方的增值税都应计入购进货物或应税劳务的成本，不得抵扣。（　）

25. 纳税人发生除将货物交付其他单位或者个人代销和销售代销货物以外视同销售货物行为的，其纳税义务发生时间为货物移送的当天。（　）

26. 出租包装物收取的租金属于价内费用，按税收法规计算增值税。（　）

27. 小规模纳税人销售货物实行简易征收方法，按6%的征收率计算税额。（　）

28. 纳税人提供租赁服务采取预收款方式的，其纳税义务发生时间为收到预收款的当天。（　）

29. 收讫销售款项，是指纳税人在发生应税销售行为过程中或者完成后收到的款项。（　）

30. 纳税人进口货物，应当自海关填发进口增值税专用缴款书之日起30日内缴纳税款。（　）

2.1.4 思考题

1. 视同销售货物的行为有哪些？
2. 增值税的征税范围包括哪些？
3. 如何划分一般纳税人与小规模纳税人？
4. 一般纳税人对增值税的账户设置应包括哪些？
5. 进项税额的计算公式是什么？
6. 哪些增值税进项税额不允许抵扣？
7. 增值税法定扣税凭证有哪些？
8. 折扣销售、销售折扣与销售折让的区别是什么？
9. 增值税的纳税义务发生时间是什么时候？
10. 企业将自产、委托加工或购买的货物分配给股东或投资者的账务如何处理？
11. 增值税纳税期限分别是什么？
12. 如何理解"在境内销售服务、无形资产或者不动产"？
13. 减、免增值税分为哪几种形式？
14. 生产企业"免、抵、退"增值税的会计处理是什么？
15. 增值税的纳税地点在哪里？

任务 2.2 实训内容

2.2.1 实训一

实训资料：

位于县城的贾氏筷子生产企业为增值税一般纳税人，2021年4月发生以下业务。

（1）月初进口一批优质红木用于生产红木工艺筷子，成交价折合人民币30万元，另向境外支付包装材料和包装劳务费用合计折合人民币1万元，支付运抵我国海关前的运杂费和保险费合计折合人民币3万元。企业按规定缴纳了关税、进口增值税，并取得了海关开具的完税凭证。为将货物从海关运往企业所在地，企业支付运输费、装卸费、保险费和其他杂费共计4万元，尚未取得货运发票。

（2）委托某商场代销红木工艺筷子5 000套。双方约定，待5 000套红木工艺筷子全部售出并取得代销清单后，企业再开具增值税专用发票给商场。本月底尚未收到代销清单，但已收到其3 000套红木工艺筷子不含税的货款30万元。

（3）将红木工艺筷子4 000套按100元/套的不含税价格赊销给某代理商，双方约定，下个月25日付款，届时再开具增值税专用发票。

（4）将自产红木工艺筷子1 000套在展销会上作为样品，在展销会结束后无偿赠送给参展的其他客商。

（5）向林业生产者收购一批血桦木原木用以生产一次性筷子，给林业生产者开具了经主管税收机关批准使用的农产品收购凭证，收购凭证上注明的价款合计为50万元，收购款已支付。这批原木通过铁路运往企业所在地，企业支付运输费5万元，建设基金1万元、装卸费1万元、保险费15万元，有关费用已分别在货运发票上注明。

（6）将成本为20万元的原木移送给位于某市区的一家加工企业。委托其加工成一次性筷子，本月收回并取得增值税专用发票，专用发票注明加工费及辅料费金额共计5万元。本月将其全部用于销售，取得不含税销售额40万元。

（7）外购低值易耗品、自来水、电力，支付含税价款合计6万元，取得增值税普通发票。

（8）销售本企业已使用了半年的某台机器设备，取得不含税销售额21万元。购买该设备时取得的增值税专用发票注明的金额为20万元，本月账面净值为19万元。（说明：①该筷子生产企业2008年未被列入增值税扩大抵扣范围试点单位；②假设红木的进口关税税率为35%；③一次性木质筷子的消费税税率为5%；④月初增值税上期留抵进项税额为零；⑤本月取得的合法票据均在本月认证并上报抵扣。）

实训要求：

根据上述资料，按下列序号计算回答问题，每问需计算出合计数。

①计算该企业应缴纳的进口关税。

②计算该企业应缴纳的进口增值税。

③针对该企业委托商场代销红木工艺筷子的事项，计算本月的增值税销项税额。

④针对该企业向代理商赊销红木工艺筷子的事项，计算本月的增值税销项税额。

⑤计算该企业将展销会样品无偿赠送参展客商的增值税销项税额。

⑥计算位于某市区的加工企业应代收代缴的消费税。

⑦计算位于某市区的加工企业应代收代缴的城市维护建设税和教育费附加。

⑧计算该企业销售使用过的机器设备应缴纳的增值税额。

⑨计算该企业本月应缴纳的消费税额（不含代收代缴部分）。

⑩计算该企业本月应缴纳的国内销售环节的增值税额。

2.2.2 实训二

实训资料：

甲公司为增值税一般纳税人，主要从事货物运输服务，2022年4月有关经济业务如下。

（1）购进办公用小轿车1辆，取得增值税专用发票注明的税额为20 000元；购进货车用柴油，取得增值税专用发票注明的税额为60 000元。

（2）购进职工食堂用货物，取得增值税专用发票注明的税额为6 000元。

（3）提供货物运输服务，取得含增值税价款32 900元，同时收取保价费1 000元。

（4）提供货物装卸搬运服务，取得含增值税价款26 000元；因损坏所搬运货物，向客户支付赔偿款4 000元。

（5）提供货物仓储服务，取得含增值税价款113 000元，另外收取货物逾期保管费4 000元。

交通运输服务增值税税率为9%，物流辅助服务增值税税率为6%，上期留抵增值税税额5 000元，取得的增值税专用发票已通过税务机关认证。

实训要求：

根据上述资料，不考虑其他因素，分析回答下列问题。

①甲公司下列增值税进项税额中，准予抵扣的是（　　）。

A. 购进柴油的进项税额60 000元

B. 购进职工食堂用货物的进项税额6 000元

C. 上期留抵的增值税税额5 000元

D. 购进小轿车的进项税额20 000元

②甲公司当月提供货物运输服务增值税销项税额的下列计算中，正确的是（　　）。

A. （32 900＋1 000）×9%＝3 051（元）

B. 32 900×9%＝2 961（元）

C. （32 900＋1 000）÷（1＋9%）×9%＝2 799.08

（元）

D. 32 900÷（1＋9%）×9%＝2 716.51（元）

③甲公司当月提供货物装卸搬运服务增值税销项税额的下列计算中，正确的是（　　）。

A. （26 000-4 000）×6%＝1 320（元）

B. 26 000×6%＝1 560（元）

C. 26 000÷（1＋6%）×6%＝1 471.7（元）

D. (26 000-4 000)÷1＋6%×6%＝1 245.28(元)

④甲公司当月提供货物仓储服务增值税销项税额的下列计算中，正确的是（　　）。

A. 113 000÷（1＋6%）×6%＝6 396.2（元）

B. 113 000×6%＝6 780（元）

C. （113 000＋4 000）×6%＝7 020（元）

D. （113 000＋4 000）÷（1＋6%）×6%＝6622.6（元）

2.2.3　实训三

实训资料：

某公司为增值税一般纳税人，专门从事认证服务。2021年12月发生如下业务。

（1）4日，取得某项认证服务收入400万元，开具增值税专用发票，价税合计为424万元。

（2）7日，购进一台经营用设备，取得增值税专用发票注明金额为30万元，增值税为3.9万元；支付运输费，取得增值税专用发票注明金额为0.2万元，增值税为0.002 6万元。

（3）10日，支付广告服务费，取得增值税专用发票注明金额为6万元，增值税为0.36万元。

（4）16日，销售自己使用过的2006年1月1日以前购进的某固定资产，售价1万元（不开具专用发票）。购进该固定资产时不得抵扣且未抵扣过进项税额。

已知：增值税税率为6%，征收率为3%。

实训要求：

根据上述资料，回答下列问题。

①该公司当期增值税销项税额为（　　）万元。

A. 24　　　　　B. 25.44

C. 7.17　　　　D. 12

②该公司当期增值税进项税额为（　　）万元。

A. 3.902 6　　　B. 3.9

C. 4.262 6　　　D. 0.36

③该公司转让固定资产应缴纳的增值税额为（　　）万元。

A. 0.97　　　　B. 0.019

C. 0.13　　　　D. 0.06

④该公司当期应纳增值税额为（　　）万元。

A. 4.262 6　　　B. 19.76

C. 19.74　　　　D. 24

项目 3　消费税

实训目的

通过实训练习，使学生理解消费税和纳税人的含义，掌握消费税的各种税收政策，能正确计算消费税的各类题型。理解消费税的征税范围、期限及地点。

实训要求

◎ 掌握消费税的计算方法。
◎ 掌握消费税的税目、税率。
◎ 掌握消费税的税收政策。

实训准备

◎ 《中华人民共和国消费税暂行条例》。
◎ 配备蓝（黑）笔、计算器。

任务 3.1 理论测试

3.1.1 单选题

1. 某化妆品厂销售高档化妆品取得含税收入30万元，收取手续费2万元，另收取包装物押金1万元。已知，增值税税率为13%，消费税税率为15%。以下关于该化妆品厂本月应交消费税的计算中，正确的是（　　）。

　　A. 30×15%＝4.5（万元）

　　B. 30÷（1＋13%）×15%＝3.98（万元）

　　C. （30＋2）÷（1＋13%）×15%＝4.25（万元）

　　D. （30＋2＋1）÷（1＋13%）×15%＝4.38（万元）

2. （　　）是对消费品和特定消费行为征收的一种间接税。

　　A. 消费税　　　　B. 增值税

　　C. 资源税　　　　D. 关税

3. 某啤酒厂2021年12月销售A型啤酒10吨给超市，开具增值税专用发票注明价款36 000元，收取包装物押金2 000元；销售B型啤酒10吨给商场，开具普通发票注明价款26 000元，收取包装物押金200元。该啤酒厂应缴纳的消费税是（　　）元。

　　A. 5 000　　　　B. 4 400

　　C. 4 700　　　　D. 8 060

4. 纳税人生产销售下列产品，应缴纳消费税的是（　　）。

　　A. 涂料

　　B. 高档家用电器

　　C. 电动自行车

　　D. 实木家具

5. 税务机关在税务检查时发现，王某委托本地个体户李某加工实木地板。王某已将实木地板收回并销售，但未入账，也不能出示消费税完税证明。下列关于税务机关征管行为的表述中，正确的是（　　）。

　　A. 要求李某补缴税款

　　B. 要求王某补缴税款

　　C. 应对王某处以未缴消费税额0.5倍至3倍的罚款

　　D. 应对李某处以未代收代缴消费税额0.5倍至3倍的罚款

6. 纳税人将自用产品用于（　　）时，不应以其同类应税消费品最高销售额为依据计算消费税。

　　A. 换取生活资料　　B. 无偿捐赠

　　C. 抵偿债务　　　　D. 投资入股

7. 根据消费税法律制度的规定，下列各项中，正确的是（　　）。

　　A. 在中国境内生产卷烟的单位不是消费税的纳税人

　　B. 在中国境内委托加工高档化妆品的个人为消费税的纳税人

　　C. 在中国境内生产服装的单位为消费税的纳税人

　　D. 在中国境内进口手机的单位为消费税的纳税人

8. 根据消费税法律制度的规定，下列关于消费税征收范围的表述中，不正确的是（　　）。

　　A. 纳税人将自产自用的应税消费品用于连续生产应税消费品的，不缴纳消费税

　　B. 纳税人将自产自用的应税消费品用于馈赠、赞助的，缴纳消费税

　　C. 委托加工的应税消费品，受托方在交货时已代收代缴消费税，委托方收回后直接销售的，再缴纳一道消费税

　　D. 卷烟在生产和批发两个环节均征收消费税

9. 根据消费税法律制度的规定，下列关于消

费税纳税地点的表述，正确的是（　　）。

A. 纳税人销售的应税消费品，除另有规定外，应当向纳税人机构所在地或居住地的主管税务机关申报纳税

B. 纳税人总机构与分支机构不在同一省的，由总机构汇总向总机构所在地的主管税务机关申报纳税

C. 进口的应税消费品，由进口人或者其代理人向机构所在地的主管税务机关申报纳税

D. 委托加工的应税消费品，受托方为个人的，由受托方向居住地的主管税务机关申报纳税

10. 根据消费税法律制度的规定，下列各项中，不需要征收消费税的环节是（　　）。

A. 生产销售白酒　　B. 零售金银首饰
C. 批发实木地板　　D. 进口一次性木质筷子

11. 根据消费税法律制度的规定，下列行为中，不需要缴纳消费税的是（　　）。

A. 首饰店零售金银首饰

B. 烟草批发企业将卷烟销售给其他烟草批发企业

C. 外贸公司进口高档手表

D. 小汽车生产企业将自产小汽车奖励给优秀员工

12. 根据消费税法律制度的规定，纳税人以1个月或者1个季度为1个纳税期的，自期满之日起一定时间内申报缴纳消费税，该时间为（　　）。

A. 3 日　　　　　　B. 10 日
C. 15 日　　　　　 D. 30 日

13. 根据消费税法律制度的规定，纳税人委托加工应税消费品，其消费税纳税义务发生时间为（　　）。

A. 签订加工合同的当天

B. 支付加工款项的当天

C. 纳税人移送货物的当天

D. 纳税人提货的当天

14. 根据消费税法律制度的规定，下列各项中，已缴纳消费税税款允许扣除的是（　　）。

A. 外购已税白酒生产的药酒

B. 外购已税杆头、杆身和握把为原料生产的高尔夫球杆

C. 外购汽车轮胎生产的小汽车

D. 外购已税珠宝玉石生产的金银镶嵌首饰

15. 某外贸进出口公司于2021年10月进口100辆小轿车，每辆车关税完税价格为人民币20万元，缴纳关税人民币6万元。已知小轿车适用的消费税税率为5%。计算该批进口小轿车应缴纳消费税税额的下列算式中，正确的是（　　）。

A. $20 \times 5\% \times 100 = 100$（万元）

B. $(20+6) \times 5\% \times 100 = 105.26$（万元）

C. $20 \div (1-5\%) \times 5\% \times 100 =$（万元）

D. $(20+6) \div (1-5\%) \times 5\% \times 100 = 136.84$（万元）

16. 某公司为增值税一般纳税人，2021年12月从国外进口一批高档化妆品，海关核定的关税完税价格为200万元。已知进口关税税率为26%，消费税税率为15%，增值税税率为13%。则该公司进口环节应缴纳的增值税和消费税合计为（　　）。

A. $(200 \times 26\% + 200) \div (1+15\%) \times (13\% + 15\%) = 32.76$（万元）

B. $(200 \times 26\% + 200) \times (13\% + 15\%) = 37.67$（万元）

C. $200 \times 13\% = 26$（万元）

D. $(200 \times 26\% + 200) \div (1-15\%) \times (13\% + 15\%) = 44.32$（万元）

17. 根据消费税法律制度的规定，下列关于卷烟消费税政策，说法不正确的是（　　）。

A. 卷烟在批发环节加征一道从量税

B. 烟草批发企业将卷烟销售给零售单位的，要再征一道11%的从价税，并按0.005元/支加征从量税

C. 烟草批发企业将卷烟销售给其他烟草批发企业的，不缴纳消费税

D. 卷烟批发企业在计算应纳税额时不得扣除已含的生产环节消费税税款

18. 根据消费税法律制度的规定，下列环节征收消费税的是（　　）。

A. 粮食白酒的批发环节

B. 金银首饰的零售环节

C. 金银首饰的进口环节

D. 高档化妆品的零售环节

19. 根据消费税法律制度的规定，下列关于消费税税目的政策，表述不正确的有（　　）。

A. 舞台、戏剧、影视演员化妆用的上妆油、卸妆油、油彩，不属于高档化妆品税目的征收范围

B. 对出国人员免税商店销售的金银首饰不征收消费税

C. 沙滩车不属于消费税征收范围

D. 未经打磨、倒角的一次性木质筷子属于木制一次性筷子税目征税范围

20. 纳税人经营不同税率应税消费品，其税率运用正确的是（　　）。

A. 未分别核算不同税率消费品的，从低适用税率计算应纳消费税

B. 分别核算不同税率消费品的，从高适用税率计算应纳消费税

C. 将不同税率消费品组成套装销售的，分别核算各自销售额，按各自适用税率分别计算应纳税额

D. 将不同税率消费品组成套装销售的，从高适用税率计算应纳税额

21. 某化妆品企业2022年1月受托为某商场加工一批高档化妆品，收取不含增值税的加工费10万元，商场提供的原材料金额为60万元（不含税）。已知该化妆品企业无同类产品销售价格，消费税税率为15%。计算该化妆品企业应代收代缴消费税税额的下列算式中，正确的是（　　）。

A. 0

B. 60÷（1-15%）×15% = 10.59（万元）

C. （60 + 10）×15% = 10.5（万元）

D. （60 + 10）÷（1-15%）×15% = 12.35（万元）

22. 根据消费税法律制度的规定，烟草批发环节的消费税税率是（　　）。

A. 5%

B. 11%

C. 11% + 0.003元/支

D. 11% + 0.005元/支

23. 根据消费税法律制度的规定，下列关于从量计征销售数量的确定的说法不正确是（　　）。

A. 销售应税消费品的，为应税消费品的销售数量

B. 自产自用应税消费品的，为应税消费品的移送使用数量

C. 委托加工应税消费品的，为纳税人收回应税消费品后的销售数量

D. 进口的应税消费品，为海关核定的应税消费品进口征税数量

24. 某化妆品厂下设一个非独立核算门市部，该厂将一批高档化妆品交门市部销售，计价50万元。门市部零售取得含增值税的销售收入100万元。已知增值税税率为13%，消费税税率为15%，该企业应缴纳的消费税为（　　）。

A. 50×15% = 7.5（万元）

B. 100÷（1 + 13%）×15% = 13.27（万元）

C. 60÷（1 + 13%）×15% = 7.96（万元）

D. 100×15% = 15（万元）

25. 甲公司为增值税小规模纳税人，2022年3月生产销售一批应税消费品，取得含增值税销售额39 000元，已知增值税征收率为3%，消费税税率为10%。计算甲公司生产销售该批应税消费品应缴纳的消费税税额的下列算式中，正确的是（　　）。

A. 39 000×10% = 3 900（元）

B. 39 000×（1-10%）×10% = 3 510（元）

C. 39 000÷（1-3%）×10% = 4020.62

D. 39 000÷（1 + 3%）×10% = 3786.41

26. 根据消费税法律制度的规定，下列各项中，不属于消费税征税范围的是（　　）。

A. 葡萄酒　　B. 果木酒

C. 粮食白酒　D. 调味料酒

27. 根据消费税法律制度的规定，下列各项中，属于消费税应税消费品的是（　　）。

A. 高档西服　B. 汽油

C. 电冰箱　　D. 电视机

28. 根据消费税法律制度的规定，下列消费品中，实行从价定率和从量定额相结合的复合计征办法征收消费税的是（　　）。

A. 啤酒　　B. 汽油

C. 卷烟　　D. 高档手表

29. 根据消费税法律制度的规定，下列各项中，不属于消费税纳税人的是（　　）。

A. 黄金首饰零售商

B. 高档化妆品进口商

C. 涂料生产商

D. 鞭炮批发商

30. 甲汽车厂将1辆生产成本10万元的自产小汽车用于抵偿债务，同型号小汽车不含增值税的平均售价为15万元/辆，不含增值税的最高售价为18万元/辆。已知小汽车消费税税率为5%。甲汽车厂该笔业务应缴纳消费税税额的下列算式中，正确的是（　　）。

A. 1×10×5% = 0.5（万元）

B. 1×15×5% = 0.75（万元）

C. 1×18×5% = 0.9（万元）

D. 1×10×（1 + 5%）×5% = 0.525（万元）

3.1.2 多选题

1. 下列各项中，应当征收消费税的有（　　）。

A. 化妆品厂作为样品赠送客户的高档香水

B. 用于产品质量检验耗费的高尔夫球杆

C. 生产白酒企业向百货公司销售的试制药酒

D. 白酒厂移送非独立核算门市部待销售的白酒

2. 根据消费税法律制度的规定，下列选项中，属于消费税纳税人的有（　　）。

A. 小汽车进口企业

B. 委托加工实木地板的企业

C. 生产销售珠宝首饰的个体工商户

D. 零售金银首饰的商户

3. 根据消费税法律制度的规定，下列各项中，纳税人应缴纳消费税的有（　　）。

A. 将自产的网球及球拍作为福利发放本企业职工

B. 销售白酒时收取的包装物押金，合同约定3个月后到期

C. 将自产的实木地板用于本企业职工宿舍装修

D. 使用自产高档香水生产高档化妆品

4. 下列关于消费税纳税义务发生时间的表述中，正确的有（　　）。

A. 纳税人采取托收承付和委托银行收款方式的，为发出应税消费品并办妥托收手续的当天

B. 纳税人自产自用应税消费品的，为移送使用的当天

C. 纳税人委托加工应税消费品的，为纳税人提货的当天

D. 纳税人进口应税消费品的，为报关进口的当天

5. 根据消费税法律制度的规定，下列各项中，不得扣除已缴纳消费税的有（　　）。

A. 委托加工收回已税的涂料生产的涂料

B. 委托加工收回已税的电池生产的电池

C. 委托加工收回已税的玉石生产的金银镶嵌首饰

D. 委托加工收回的高档香水生产的演员上妆用的油彩

6. 消费税不同应税产品的纳税环节包括（　　）。

A. 批发环节　　B. 进口环节

C. 零售环节　　D. 生产销售环节

7. 根据消费税法律制度的规定，下列应税消费品中，在零售环节应征收消费税的有（　　）。

A. 高档化妆品　　B. 汽油

C. 金银首饰　　D. 超豪华小汽车

8. 根据消费税法律制度的规定，下列选项中采取从价计征消费税的有（　　）。

A. 高档手表　　B. 高尔夫球

C. 烟丝　　D. 黄酒

9. 白酒生产企业生产销售白酒取得的下列款项中，应并入销售额计征消费税的有（　　）。

A. 优质费

B. 品牌使用费

C. 滞纳金

D. 代垫运费（承运部门的运费发票开具给购买方，并且该企业将发票转交给购买方）

10. 根据消费税法律制度的规定，下列情形中，应当以纳税人同类应税消费品的最高销售价格作为计税依据计算消费税的有（　　）。

A. 将自产小汽车用于投资入股

B. 将自产高档化妆品用于换取生产资料

C. 将自产白酒用于抵偿债务

D. 将自产实木地板用于换取消费资料

11. 根据消费税法律制度的规定，下列各项中应征收消费税的有（　　）。

A. 甲电池厂生产销售电池

B. 乙百货公司零售钻石胸针

C. 丙首饰厂生产销售玉手镯

D. 丁超市零售啤酒

12. 根据消费税法律制度的规定，下列各项中，应缴纳消费税的有（　　）。

A. 外贸公司进口高档化妆品

B. 日化厂销售自产高档化妆品

C. 商贸城批发高档化妆品

D. 超市零售高档化妆品

13. 根据消费税法律制度的规定，下列各项中，不得作为委托加工应税消费品，而应当按照销售自制应税消费品缴纳消费税的有（　　）。

A. 由受托方提供原材料生产的应税消费品

B. 受托方先将原材料卖给委托方，然后接受加工的应税消费品

C. 由受托方以委托方名义购进原材料生产的应税消费品

D. 由委托方提供原料和主要材料，受托方只收取加工费和代垫部分辅助材料加工的应税消费品

14. 下列有关委托加工业务消费税税务处理正确的有（　　）。

A. 委托加工应税消费品应纳的消费税由受托方代扣代缴（受托方为个体经营者除外）

B. 委托加工应税消费品，受托方在委托方提货时已经代扣代缴消费税，委托方收回后直接销售的，不再缴纳消费税

C. 委托加工应税消费品，受托方在委托方提货时未履行代扣代缴消费税义务，委托方不再承担消费税的缴纳义务

D. 委托加工应税消费品，受托方在委托方提货时已经代扣代缴消费税，委托方收回后用于连续生产应税消费品的，其已纳税款准予从连续生产的应税消费品应纳消费税额中抵扣

15. 根据增值税和消费税法律制度的规定，下列环节中，既征收增值税又征收消费税的有（　　）。

A. 从国外进口数码相机

B. 从国外进口小汽车

C. 批发环节销售的卷烟

D. 批发环节销售的白酒

16. 根据消费税法律制度的规定，下列应税消费品中，实行从量定额计征消费税的有（　　）。

A. 柴油　　　　B. 涂料

C. 黄酒　　　　D. 游艇

17. 下列关于消费税相关规定的叙述，正确的有（　　）。

A. 按现行消费税法律规定，消费税应纳税额的计算方法分为从价计征和从量计征两种

B. 现行消费税的征税范围中，只有卷烟和白酒采用复合计征方法

C. 现行消费税的征税范围中，卷烟、白酒、啤酒采用复合计征方法

D. 实行从价、从量复合计征方法计算应纳消费税的，应纳税额等于应税销售数量乘以定额税率再加上应税销售额乘以比例税率

18. 甲酒厂主要从事白酒生产销售业务。该酒厂销售白酒收取的下列款项中，应并入销售额缴纳消费税的有（　　）。

A. 向A公司收取的储备费

B. 向B公司收取的品牌使用费

C. 向C公司收取的包装物租金

D. 向D公司收取的产品优质费

19. 根据消费税法律制度的规定，下列消费品中，属于消费税征税范围的有（　　）。

A. 柴油　　　　B. 全部摩托车

C. 珠宝玉石　　D. 烟丝

20. 2022年1月乙酒厂发生的下列业务中，应缴纳消费税的有（　　）。

A. 以自产低度白酒用于奖励职工

B. 以自产高度白酒用于馈赠客户

C. 以自产高度白酒用于连续加工低度白酒

D. 以自产低度白酒用于市场推广

21. 根据消费税法律制度的规定，下列各项中，应按"高档化妆品"税目计缴消费税的有（　　）。

A. 高档护肤类化妆品

B. 成套化妆品

C. 高档修饰类化妆品

D. 高档美容类化妆品

22. 下列项目中，不应征收消费税的是（　　）。

A. 啤酒屋销售的自制扎啤

B. 土杂商店出售的烟火、鞭炮

C. 黄河牌卡车

D. 销售使用过的小轿车

23. 酒类企业中的关联企业不按照独立企业之间的业务往来作价的，税务机关按照规定调整其消费税计税收入额时，可以采用的方法有（　　）。

A. 按照成本加合理的费用和利润

B. 按照独立企业之间进行相同业务活动的价格

C. 按照企业开具的增值税专用发票上注明的销售价格

D. 按照销售给无关联第三者的价格所取得的收入

24. 某企业生产的某系列高档化妆品，下列用途中属于应征消费税的有（　　）。

A. 促销活动中的赠品

B. 本企业职工运动会奖品

C. 加工生产其他系列的高档化妆品

D. 电视广告的样品

25. 据消费税法律制度的规定，下列消费品中不属于高档化妆品税目、不需要缴纳消费税的有（　　）。

A. 进口完税价格10元一张的面膜

B. 出厂销售价格20元一支（50克）的护手霜

C. 进口完税价格600元一瓶（50毫升）的香水

D. 影视演员化妆用的100元一瓶（250克）的卸妆油

26. 消费税是（　　）。

A. 以消费品（消费行为）的流转额作为课税对象的各种税收的统称

B. 政府向消费品征收的税项，可向批发商或零售商征收

C. 价外税

D. 在对货物普遍征收增值税的基础上，选择少数消费品再征收的一个税种，主要是为了调节产品结构，引导消费方向，保证国家财政收入

27. 根据消费税法律制度的规定，下列各项中，纳税人自产自用的应税消费品应当征收消费税的有（　　）。

A. 用于本企业连续生产应税消费品的应税消费品

B. 用于奖励代理商销售业绩的应税消费品

C. 用于本企业生产性基建工程的应税消费品

D. 用于广告样品的应税消费品

28. 下列属于"成品油"应税项目的有（　　）。

A. 石脑油、汽油、柴油

B. 溶剂油

C. 润滑油、食用油

D. 煤油

29. 根据消费税法律制度的规定，下列各项中，属于消费税征税范围的有（　　）。

A. 电动汽车　　B. 汽油

C. 烟丝　　　　D. 啤酒

30. 下列关于消费税纳税义务发生时间说法正确的是（　　）。

A. 纳税人生产的应税消费品应于销售时纳税，进口应税消费品应于报关进口环节纳税

B. 金银首饰、钻石及钻石饰品在零售环节纳税

C. 纳税人销售应税消费品，其纳税义务发生时间为销售环节

D. 自产自用的应税消费品，其纳税义务发生时间为纳税人移送使用的当天

31. 消费税的特点（　　）。

A. 消费税的课税对象具有一定的选择性

B. 消费税在生产环节实行单环节征收

C. 消费税采用产品差别税率，实行价内征收

D. 消费税没有减免

3.1.3　判断题

1. 纳税人进口应税消费品，应当自海关填发海关进口消费税专用缴款书之日起15日内缴纳税

款。（　　）

2. 甲企业6月委托加工一批烟丝，已交付和支付受托方材料及加工费，该烟丝计划于6月10日加工完成并交付，则甲企业消费税纳税义务发生时间为6月15日。（　　）

3. 纳税人采取托收承付和委托银行收款方式销售的应税消费品，其纳税义务的发生时间为发出应税消费品并办妥托收手续的当天。（　　）

4. 对自己不生产应税消费品，只是购进后再销售应税消费品的工业企业，其销售的化妆品、鞭炮、烟火和珠宝、玉石，凡不能构成最终消费品直接进入消费品市场，而需进一步生产加工的，应当征收消费税，但不允许扣除外购应税消费品的已纳税款。（　　）

5. 纳税人兼营卷烟批发和零售业务的，应当分别核算批发和零售环节的销售额、销售数量；未分别核算批发和零售环节的销售额、销售数量的，按照全部销售额、销售数量计征零售环节消费税。（　　）

6. 纳税人生产的应税消费品应于销售时纳税，进口应税消费品应于报关进口环节纳税，但金银首饰、钻石及钻石饰品在零售环节纳税。（　　）

7. 对饮食业、商业、娱乐业举办的啤酒屋（啤酒坊）利用啤酒生产设备生产的啤酒，不征消费税。（　　）

8. 雪茄烟适用从价定率和从量定额相结合的复合计征办法征收消费税。（　　）

9. 对包装物既作价随同应税消费品销售，又另外收取押金并在规定期限内未予退还的押金，不应并入应税消费品的销售额计征消费税。（　　）

10. 实行从价计征办法征收消费税的应税消费品，对包装物既作价随同应税消费品销售，又另外收取包装物押金的，凡纳税人在规定的期限内没有退还的，均应并入应税消费品的销售额，按照应税消费品的适用税率缴纳消费税。（　　）

11. 纳税人通过自设非独立核算门市部销售的自产应税消费品，应当按照门市部对外销售额或者销售数量征收消费税。（　　）

12. 为了正确反映和核算消费税有关纳税事项，纳税人应在"应交税费"科目下设置"应交消费税"二级科目。（　　）

13. 纳税人销售的应税消费品，以及自产自用的应税消费品，除国家另有规定以外，应当向纳税人机构所在地或居住地主管税务机关申报纳税。（　　）

14. 根据消费税法律制度的规定，纳税人自产自用应税消费品，用于连续生产应税消费品的，不缴纳消费税；用于其他方面的，于移送使用时计征消费税。（　　）

15. 白酒生产企业向商业销售单位收取"品牌使用费"应并入销售额缴纳消费税。（　　）

16. 委托加工应税消费品的纳税义务人是受托方。（　　）

17. 纳税人的总机构与分支机构不在同一县（市）的，应当分别向各自机构所在地的主管税务机关申报纳税。（　　）

18. 纳税人通过自设非独立核算门市部销售的自产应税消费品，应当按照门市部对外销售额或销售数量征收消费税。（　　）

19. 黄酒、啤酒以吨为计税单位，成品油以升为计税单位。（　　）

20. 高档手表采用从量计征方法计缴消费税。（　　）

21. 消费税是对消费品和特定消费行为征收的一种间接税。（　　）

22. 消费税采用比例税率和定额税率两种形式，以适应不同应税消费品的实际情况。（　　）

23. 消费税暂行条例规定的从量计税的消费品有黄酒和啤酒。（　　）

24. 如果包装物不作价随同产品销售，而是收取押金，那么此项押金不应并入应税消费品的销售额计征消费税。（　　）

25. 农用拖拉机、收割机、手扶拖拉机的专用轮胎，属于消费税的征收范围。（　　）

26. 价款包含消费税，但不含增值税；价外费用的内容与增值税规定相同。（　　）

27. 自产自用是指纳税人生产应税消费品后，不是用于直接对外销售，而是用于连续生产应税消费品或用于其他方面。（　　）

28. 消费税的征税环节与增值税一样，都是从

生产到流通的所有环节。（　　）

29. 消费税纳税义务人不包括外商投资企业和外国企业。（　　）

30. 消费税属于流转税的范畴。（　　）

3.1.4　思考题

1. 什么是消费税？
2. 消费税纳税义务人指的是谁？
3. 根据消费税法规定，消费税的征税范围包括哪些？
4. 纳税人将外购的哪些应税消费品用于连续生产应税消费品的，可以扣除实际耗用的外购应税消费品已纳消费税款？
5. 从量计征销售数量如何确定？
6. 消费税纳税义务发生时间是什么？
7. 纳税人销售的应税消费品纳税地点在哪里？
8. 纳税人将自产应税消费品用于哪些方面不征收消费税，用于哪些方面应征收消费税？
9. 消费税在哪些环节征收，每个征税环节适用于哪些应税消费品？
10. 消费税的计税方法有哪些？
11. 企业对外销售应税消费品如何进行会计核算？
12. 消费税的纳税期限是什么？
13. 适用复合计税方法征收消费税的，如何确定销售额？
14. 自产自用应税消费品如何进行会计核算？
15. 零售应税消费品有哪些？

任务 3.2　实训内容

3.2.1　实训一

实训资料：

某酒厂 2021 年 11 月发生以下业务：将外购粮食白酒和自产高粱白酒勾兑的散装白酒 2 吨合并销售，取得不含税收入 40 万元，款已收到。

实训要求：

计算应纳消费税（定额税率 1 元/千克，粮食白酒比例税率 20%）。

3.2.2　实训二

实训资料：

某卷烟厂生产销售卷烟和烟丝，2021 年 8 月发生如下经济业务。

（1）1 日，期初结存烟丝买价 20 万元；31 日，期末结存烟丝买价 5 万元。

（2）3 日，购进已税烟丝买价 10 万元，取得增值税专用发票并通过验证。

（3）6 日，发往烟厂一批烟叶，委托 B 烟厂加工烟丝，发出烟叶成本 20 万元，支付加工费 8 万元，烟厂没有同类烟丝销售价格。

（4）20日，委托B烟厂加工的烟丝已收回，出售一半取得收入25万元，生产卷烟领用另一半。

（5）27日，销售烟20大箱，取得收入100万元，销售外购烟丝取得收入10万元。

（6）28日，没收逾期未收回的卷烟包装物押金23 400元。

（7）29日，收回委托个体户张某加工的烟丝（发出烟叶成本为2万元，支付加工费1 060元，该处同类烟丝销售价格为3万元），直接出售取得收入3.5万元。

实训要求：

计算本月实际应纳消费税。

3.2.3 实训三

实训资料：

某酒厂2021年7月发生如下经济业务。

（1）销售粮食白酒20吨，不含税单价6 000元/吨；销售散装白酒8吨，不含税单价4 500元/吨，款项全部存入银行。

（2）销售以外购薯类白酒和自产糠麸白酒勾兑的散装白酒4吨，不含税单价3 200元/吨，货款已收回。

（3）用自产的散装白酒10吨，向农民换玉米，玉米已验收入库，开出收购专用发票。

（4）该厂委托某酒厂为其加工酒精，收回的酒精全部用于连续生产套装礼品白酒6吨，不含税单价为8 000元/吨。

实训要求：

计算该酒厂当月应纳消费税额（粮食白酒定额税率1元/千克，比例税率20%）。

项目 4　关税

实训目的

通过实训练习,使学生理解关税的相关含义,掌握关税的征税对象,了解关税种类。掌握关税的税收优惠政策,正确计算关税题型。

实训要求

◎ 掌握关税计算方法。
◎ 理解关税征税范围。
◎ 了解关税税目。
◎ 了解关税的核算方法。

实训准备

◎ 《中华人民共和国海关法》。
◎ 配备蓝(黑)笔、计算器。

任务 4.1 理论测试

4.1.1 单选题

1. 下列关于关税的相关表述中，不正确的是（　　）。

　　A. 外贸进出口公司属于关税的纳税人

　　B. 个人邮递物品的收件人属于关税的纳税人

　　C. 凡准许进出口的货物，除国家另有规定的以外，均应由海关征收进口关税或出口关税

　　D. 对从境外采购进口的原产于中国境内的货物，按规定不征收进口关税

2. 在进口货物正常成交价格中包含的（　　）可以从中扣除。

　　A. 普通税率　　　　B. 协定税率

　　C. 特惠税率　　　　D. 最惠国税率

3. 进出口货物完税后，如发现少征或漏征税款，海关有权在一定期限内予以补征；如因收发货人或其代理人违反规定而造成少征或漏征关税款的，海关在一定期限内可以追缴。根据关税法律制度的规定，这两项期限分别为（　　）。

　　A. 1年、1年　　　　B. 1年、3年

　　C. 3年、3年　　　　D. 3年、1年

4. 在进口货物正常成交价格中包含的（　　）可以从中扣除。

　　A. 包装费　　　　　B. 运输费

　　C. 卖方付的回扣　　D. 保险费

5. 根据关税法律制度的规定，下列关税应纳税额计算方法中，关税税率随着进口商品价格的变动而反方向变动的是（　　）。

　　A. 从价税计算方法　　B. 复合税计算方法

　　C. 滑准税计算方法　　D. 从量税计算方法

6. 根据关税法律制度的规定，一般贸易项下进口的货物以海关审定的成交价格为基础的到岸价格作为完税价格。下列关于成交价格的表述中，正确的是（　　）。

　　A. 在货物成交过程中，向境外采购代理人支付的买方佣金，应计入成交价格

　　B. 在货物成交过程中，进口人在成交价格外另支付给卖方的佣金，应计入成交价格

　　C. 卖方付给进口人的正常回扣，应计入成交价格

　　D. 卖方违反合同规定延期交货的罚款可以从成交价格中扣除

7. 纳税人自海关填发缴款书之日起（　　）仍未缴纳税款的，经海关关长批准，海关可以采取强制措施扣缴。

　　A. 15 天　　　　　B. 1 个月

　　C. 2 个月　　　　D. 3 个月

8. 关税纳税义务人因不可抗力或者在国家税收政策调整的情形下，不能按期缴纳税款的，经海关总署批准可以延期缴纳税款，但最长不得超过（　　）个月。

　　A. 3　　　　　　B. 6

　　C. 9　　　　　　D. 12

9. 关税滞纳金自（　　）起，至纳税人缴纳关税之日止，按滞纳税款万分之五的比例按日征收，周末或法定节假日不予扣除。

　　A. 商品报关之日

　　B. 商品进出关境之日

　　C. 关税缴纳期限届满之日

　　D. 自海关填发税款缴款书到期次日

10. 纳税义务人应当自海关填发税款缴款书之日起（　　）日内，向指定银行缴纳税款。

　　A. 7　　　　　　B. 10

　　C. 15　　　　　D. 30

11. 出口货物的完税价格不应该包括（　　）。

　　A. 向境外销售的成交价格

B. 货物运至我国境内输出地点装载前的运输费用及其相关费用

C. 货物运至我国境内输出装载前的保险费用

D. 离境口岸至境外口岸之间的运输费、保险费

12. 关于关税的说法，正确的是（　　）。

A. 关税是一种直接税

B. 关税负担最后转嫁给消费者

C. 世界各国征收的关税主要是出口税

D. 关税的课征范围以国境为界

13. 关税的计税依据是（　　）。

A. 关税完税价格

B. 货物采购地的批发价

C. 到岸价

D. 货物采购地的零售价格

14. 根据关税法律制度的规定，下列关税中属于优惠关税的是（　　）。

A. 最惠国待遇关税

B. 进口关税

C. 过境关税

D. 财政关税

15. 关于关税的减免税，下列表述正确的有（　　）。

A. 无商业价值的广告品视同货物进口征收关税

B. 在海关放行前因不可抗力损失的货物，经海关查明属实，可酌情减免进口关税

C. 盛装货物的容器单独计价的不征收关税

D. 关税税额在人民币50元以下的货物免征关税

16. 下列项目中不属于关税特定减免税的有（　　）。

A. 科教用品

B. 无商业价值的广告品和货样

C. 残疾人专用品

D. 慈善捐赠物资

17. 进口货物的完税价格是以（　　）为基础确定的。

A. 成交价格

B. 到岸价格

C. 到岸价格加关税

D. 成交价格加进口增值税

18. 根据关税法律制度的规定，下列各项中，海关可以酌情减免关税的是（　　）。

A. 进出境运输工具装载途中必需的燃料、物料和饮食用品

B. 无商业价值的广告品及货样

C. 国际组织无偿赠送的物资

D. 在境外运输途中受到损坏的进口货物

19. 根据关税法律制度的规定，原产地不明的进口货物适用的关税税率是（　　）。

A. 协定税率　　B. 最惠国税率

C. 特惠税率　　D. 普通税率

20. 下列选项中，不可申请关税退还的情况是（　　）。

A. 销售方因修改价格多缴的进口关税

B. 因海关误征多缴的税款

C. 海关核准免验进口的货物，在完税后发现有短缺情况，经海关认可的

D. 已征出口关税的货物，因故未装运出口而申报退关的，经海关查验属实的

21. 当一个国家存在自由港、自由区时，该国国境（　　）关境。

A. 大于　　B. 等于

C. 小于　　D. 无法比较

22. 根据关税法律制度的规定，减免进出口关税的权限属于（　　）。

A. 中央　　B. 地方

C. 省　　　D. 市

23. 出口货物以海关审定的成交价格为基础售出境外的离岸价格，扣除出口关税后作为完税价格。其计算公式为（　　）。

A. 完税价格＝离岸价格÷（1－出口税率）

B. 完税价格＝离岸价格÷（1＋出口税率）

C. 完税价格＝离岸价格×（1＋出口税率）

D. 完税价格＝离岸价格×（1－出口税率）

24. 某企业从境外进口一批生产材料，材料价款折合人民币20万元，支付包装费1万元，向自己的采购代理人支付佣金0.5万元，该货物运抵我国境内输入地点起卸前发生运费3万元、保险费1万元；从海关运往企业所在地发生运费0.2万元。已知关税税率为10%，则该批材料进口时应缴纳关税（　　）万元。

A. 2　　　　　　　B. 2.5
C. 2.52　　　　　　D. 2.57

25. 甲公司进口一批货物，海关审定货价为80万元，运抵我国海关前发生的运输费、保险费等共计20万元，缴纳关税税额10万元。已知增值税税率为13%。甲公司当月进口该批货物应缴纳增值税税额的下列计算中，正确的是（　　）。

A. (80＋10)×13%＝11.7（万元）
B. (80＋20)×13%＝13（万元）
C. 80×13%＝10.4（万元）
D. (80＋20＋10)×13%＝14.3（万元）

26. 根据关税法律制度的规定，下列选项中，不属于海关可以酌情减免税的情形有（　　）。

A. 在境外运输途中或者在起卸时，遭受损坏或者损失的
B. 起卸后海关放行前，因不可抗力遭受损坏或者损失的
C. 国际组织、外国政府无偿赠送的物资
D. 海关查验时已经破漏、损坏或者腐烂，经证明不是保管不慎造成的

27. 下列各项货物中，经海关审查无误后可以免征关税的是（　　）。

A. 关税税额为人民币200元的货物

B. 广告品和货样
C. 外国公司无偿赠送的物资
D. 进出境运输工具装载的途中必需的燃料、物料和饮食用品

28. 根据关税法律制度的有关规定，下列不属于关税纳税人的是（　　）。

A. 外贸出口公司
B. 工贸或农贸结合的进口公司
C. 经营出口货物的发货人
D. 个人邮递物品的发件人

29. 下列各项中不应计入关税完税价格的是（　　）。

A. 为进口货物支付的包装劳务费
B. 为进口货物支付的商标权费用
C. 为进口货物发生的境外考察费
D. 为进口货物支付的境外开发、设计等相关费用

30. 某企业海运进口一批货物，海关审定的货价折合人民币2 000万元，运费折合人民币10万元，保险费无法查明，该批货物进口关税税率为5%，则应纳关税（　　）万元。

A. 100　　　　　B. 100.8
C. 110　　　　　D. 110.8

4.1.2　多选题

1. 下列各项中，属于关税的计税方法有（　　）。
A. 从价税计算方法
B. 复合税计算方法
C. 滑准税计算方法
D. 从量税计算方法

2. 下列有关关税税率的表述，正确的有（　　）。
A. 进口货物适用何种关税税率以进口货物的原产地为标准
B. 我国进口税率和出口税率实行统一标准

C. 进出口货物，一般应当按照收发货人或者其代理人申报进口或者出口之日实施的税率征税
D. 进口货物到达前，经海关核准先行申报的，应当按照装载此货物的运输工具"申报进境之日"实施的税率征税

3. 下列各项中，属于关税法定纳税义务人的有（　　）。
A. 进口货物的收货人
B. 进口货物的代理人

C. 出口货物的发货人

D. 出口货物的代理人

4. 根据关税法律制度的规定，下列进口货物中，实行从价加从量复合税率计征进口关税的有（　　）。

A. 摄像机　　　　B. 啤酒

C. 放像机　　　　D. 广播用录像机

5. 根据关税法律制度的规定，下列进口货物中，实行从量计征进口关税的有（　　）。

A. 啤酒　　　　　B. 汽车

C. 高档手表　　　D. 原油

6. 我国进口关税税率包括（　　）。

A. 协定税率　　　B. 特惠税率

C. 普通税率　　　D. 最惠国税率

7. 由海关负责征收税种的征收管理按（　　）规定执行。

A.《中华人民共和国税收征收管理法》

B.《中华人民共和国企业所得税法》

C.《中华人民共和国进出口关税条例》

D.《中华人民共和国海关法》

8. 以下关于关税税率的适用，说法正确的有（　　）。

A. 进出口货物一般应按纳税人申报进口或出口之日实施的税率征税

B. 加工贸易进口料、件等属于保税性质的进口货物如经批准转为内销，应按向海关申报转为内销之日实施的税率征税

C. 暂时进口货物转为正式进口需补税时，应按其申报暂时进口之日实施的税率征税

D. 查获走私进口货物需补税时，应按原走私进口日实施的税率征税

9. 进出境物品的所有人，包括该物品的所有人和推定为所有人的一般情况下，可以推定为所有人的包括（　　）。

A. 对于携带进境的物品，推定其携带人为所有人

B. 对分离运输的行李，推定相应的进出境旅客为所有人

C. 对以邮递方式进境的物品，推定其寄件人为所有人

D. 对以邮递或其他运输方式出境的物品，推定其寄件人或托运人为所有人

10. 以下属于按征收目的划分的关税有（　　）。

A. 财政关税　　　B. 保护关税

C. 选择性关税　　D. 协定关税

11. 以下属于按差别待遇和特定实施情况划分的关税有（　　）。

A. 进口附加税　　B. 差价税

C. 特惠税　　　　D. 普遍优惠制关税

12. 关税的特征有（　　）。

A. 无偿的　　　　B. 强制的

C. 间接的　　　　D. 固定的

13. 关税的减免分为（　　）。

A. 常规减免　　　B. 法定减免

C. 特定减免　　　D. 临时减免

14. 下列选项中属于法定减免关税的情况有（　　）。

A. 外国政府、国际组织无偿赠送的物资

B. 进出境运输工具装载的途中必需的燃料、物料和饮食用品

C. 因故退还的中国出口货物，经海关查实，可予免征进口关税，但已征的出口关税不予退还。

D. 因故退还的境外进口货物，经海关查实，可予免征出口关税，但已征的进口关税不予退还。

15. 下列关于关税完税价格的说法，正确的有（　　）。

A. 出口货物的关税完税价格不包含出口关税

B. 进口货物的保险费无法确定时，海关应按照货价的5%计算保险费

C. 进口货物的关税完税价格不包括进口关税

D. 出口货物的关税完税价格不包括单独列明的支付给境外的佣金

16. 下列关于确定进口货物完税价格的说法，正确的有（　　）。

A. 经海关批准暂时进境的货物应当缴纳税款的，按照一般确定进口货物完税价格的有关规定，审查确定完税价格

B. 以租赁方式进口的货物，以租金方式对外支付的租赁货物，在租赁期间以海关审查确定的租金作为完税价格

C. 进口运输工具，利用自身动力进境的，不再另行计入运费

D. 以境外边境口岸价格条件成交的铁路运输进口货物，海关应当按照境外边境口岸价格的1%计算运输费用及其相关费用、保险费

17. 关税的强制措施主要有（　　）。

A. 征收滞纳金　　B. 强制征收

C. 征收税费　　D. 加征关税

18. 根据关税法律制度的规定，下列各项中，应当计入出口货物关税完税价格的有（　　）。

A. 货物运至我国境内输出地点装载前的保险费

B. 出口关税税额

C. 出口货物的成交价格

D. 单独列明的支付给境外的佣金

19. （　　）是我国关税制度的两个最基本的法规。

A.《中华人民共和国进出口关税条例》

B.《中华人民共和国海关进出口货物征税管理办法》

C.《中华人民共和国海关进出口税则暂行实施条例》

D.《中华人民共和国进出口税则》

20. 进口货物的成交价格不符合进出口关税条例有关规定的，或者成交价格不能确定的，可以使用（　　）估定该货物的完税价格。

A. 相同或类似货物成交价格法

B. 国内市场价格倒扣法

C. 计算价格法

D. 比较价格法

21. 下列选项中，属于关税纳税义务人可以自缴纳关税之日起1年内申请退还关税的情形有（　　）。

A. 已征出口关税的货物，因故未装运出口而申报退关的

B. 已征进口关税的货物，因品质原因而原状退货复运出境的

C. 已征进口关税的货物，因规格原因而原状退货复运出境的

D. 已征出口关税的货物，因品质原因而原状退货复运进境的，并已重新缴纳因出口而退还的国内环节有关税收

22. 下列选项中，符合关税强制执行措施的有（　　）。

A. 关税的强制执行措施包括征收关税滞纳金和强制征收

B. 关税滞纳金的起征点为50元

C. 纳税人自海关填发缴款书之日起2个月仍未缴纳税款的，经海关关长批准，可以采取强制扣缴和变价抵缴等强制措施

D. 纳税义务人、担保人自缴纳税款期限届满之日起超过3个月仍未缴纳税款的，可以采取强制扣缴和变价抵缴等强制措施

23. 下列关于关税征税对象的说法正确的有（　　）。

A. 关税的征税对象是准许进出境的货物，但是不包括物品

B. 香港虽是我国的单独关境区，但是其完全适用我国海关法律、法规等

C. 飞机上的乘务人员携带进口的自用物品属于关税的征税对象

D. 个人邮寄的物品属于关税的征税对象

24. 下列货物、物品予以暂时免征关税的有（　　）。

A. 文化、体育交流活动中使用的表演、比赛用品

B. 盛装货物的容器

C. 开展科研、教学、医疗活动使用的仪器、设备及用品

D. 进出境运输工具装载的途中必需的燃料

25. 采用国内市场价格倒扣方法估定进口货物关税完税价格时，下列各项应当予以扣除的有（　　）。

A. 进口关税

B. 该货物的同种类货物在境内第一销售环节销售时的利润和一般费用

C. 货物运抵境内输入地点之后的运费

D. 境外生产该货物所使用的原材料价值

26. 下列关于一般进口货物完税价格中的佣金描述正确的有（　　）。

A. 购货佣金就是买方佣金，是不能计入关税

完税价格的

B. 购货佣金就是买方佣金，能计入关税完税价格

C. 所有发生的佣金都不能计入完税价格

D. 购货佣金指买方为购买进口货物向自己的采购代理人支付的劳务费用

27. 下列各项中，如能与进口货物实付或者应付价格相区分，应计入进口关税完税价格中的有（ ）。

A. 买方为购买进口货物向自己的采购代理人支付的劳务费用

B. 买方为购买进口货物向代表买卖双方利益的经纪人支付的劳务费用

C. 买方支付的与进口货物有关并作为进口货物条件的特许权使用费

D. 买方为在境内复制进口货物而支付的费用

28. 下列费用中，如能与进口货物实付或者应付价格相区分，不得计入进口货物关税完税价格的有（ ）。

A. 境内外技术培训费用

B. 进口消费税

C. 货物运抵境内输入地点后发生的保险费

D. 货物进口后的安装费

29. 下列进出口货物中，其运费及其相关费用、保险费的计算，正确的有（ ）。

A. 邮运的进口货物，应当以邮费作为运输费用及其相关费用、保险费

B. 如果进口货物的保险费无法确定或者未实际发生，海关应当按照"货价加运费"两者总额的3‰计算保险费并计入进口货物完税价格

C. 作为进口货物自驾进口的运输工具，海关在审定完税价格时，可以不另行计入运费

D. 出口货物的完税价格应包括离境口岸至境外口岸之间的运费、保险费

30. 关于我国关税的分类，下列说法正确的有（ ）。

A. 按征税对象进行分类，可将关税分为从量税、从价税

B. 按征税性质分类，可将关税分为普通关税、优惠关税和差别关税

C. 按保护形式和程度分类，可将关税分为关税壁垒和非关税壁垒

D. 一般意义上的差别关税主要分为加重关税、反补贴关税、报复关税、反倾销关税等

4.1.3 判断题

1. 中华人民共和国准许进出口的货物、进境物品，除法律、行政法规另有规定外，由海关依照规定征收进出口关税。（ ）

2. 适用出口税率的出口货物有暂定税率的，应当适用暂定税率。（ ）

3. 进出口货物应当适用海关接受该货物申报进口或者出口之日实施的税率。（ ）

4. 进口货物时，与该货物的生产和向中华人民共和国境内销售有关的，由买方以免费或者以低于成本的方式提供并可以按适当比例分摊料件、工具、模具、消耗材料及类似货物的价款，以及在境外开发、设计等相关服务的费用不计入完税价格。（ ）

5. 以租赁方式进口的货物，以海关审查确定的该货物的租金作为完税价格。（ ）

6. 进口货物的纳税义务人应当自运输工具申报进境之日起14日内，出口货物的纳税义务人除海关特准外，应当在货物运抵海关监管区后、装货的24小时以前，向货物的进出境地海关申报。（ ）

7. 纳税义务人因不可抗力或者在国家税收政策调整的情形下，不能按期缴纳税款的，经海关总署批准，可以延期缴纳税款，但是最长不得超过6个月。（ ）

8. 海关发现监管货物因纳税义务人违反规定造成少征或者漏征税款的，应当自纳税义务人应缴纳税款之日起 3 年内追征税款，并从应缴纳税款之日起按日加收少征或者漏征税款万分之三的滞纳金。（　　）

9. 出口货物的成交价格，是指该货物出口时卖方为出口该货物应当向买方直接收取和间接收取的价款总额。出口关税应计入完税价格。（　　）

10. 从价税是以货物的价格或者价值为征税标准，以应征税额占货物价格或者价值的百分比为税率，价格越高，税额越高。（　　）

11. 进出口货物的企业在核算关税时，应在"应交税费"科目下设"应交进口关税""应交出口关税"两个明细科目，分别对进口关税、出口关税进行账务处理。（　　）

12. 因货物品种或规格原因（非其他原因）原状复运进境或出境，经海关查验属实的，也应退还已征关税。海关应当在受理退税申请之日起 30 日内作出书面答复并通知退税申请人。（　　）

13. 关税是国际通行的税种，是各国根据本国的政治和经济发展需要，以法律形式确定由海关对进出国（境）的货物和物品征收的一种流转税。（　　）

14. 暂定关税是对某些重要原材料或关键零部件在适用最惠国税率的前提下，通过法律程序暂时实施的进口税率，高于最惠国税率。（　　）

15. 我国出口税则为一栏税率，即出口税率。（　　）

16. 关税是一国政府调节进出口贸易的重要手段。（　　）

17. 复合税又称混合税，即订立从价、从量两种税率，随着完税价格和进口数量的变化而变化，征收时两种税率合并计征。（　　）

18. 海关在征收关税时，在关境地征收。（　　）

19. 纳税人如果未在关税缴纳期限内缴纳税款，则构成关税滞纳。（　　）

20. 根据《中华人民共和国海关法》的规定，对于海关多征的税款，发现后海关应当立即退还。（　　）

21. 无商业价值的广告品及货样，经海关审核无误后可以免征关税。（　　）

22. 进口货物适用的关税税率是以进口货物原产地为标准的。（　　）

23. 对从境外采购进口的原产于中国境内的货物，不征收进口关税。（　　）

24. 对于因故退还的中国出口货物已经征收的出口关税，海关予以退还。（　　）

25. 国内市场价格倒扣方法，即以被估的进口货物、相同或类似进口货物在境内销售的价格为基础估定完税价格。（　　）

26. 外国政府、国际组织无偿赠送的物资免征关税。（　　）

27. 出口货物的完税价格，由海关以该货物向境外销售的成交价格为基础审查确定。（　　）

28. 加工贸易加工过程中产生的边角料，按申报内销时的价格估定。（　　）

29. 对于经海关批准的暂时进境的货物，应按照一般进口货物估价办法，估定完税价格。（　　）

30. 对于境内留购的进口货样、展览品和广告陈列品，按照海关审定的留购价格确定完税价格。（　　）

4.1.4　思考题

1. 什么是关税？
2. 关税的纳税义务人包括哪些？
3. 关税的税目是什么？
4. 什么是配额税率？
5. 什么是最惠国税率？
6. 什么是关税政策，可以分为哪两类？
7. 如何区分关境与国境？
8. 我国海关进出口税则设有哪些税率？

9. 关税计算方法有哪几种？
10. 自营进出口业务是指什么？
11. 代理进出口业务是指什么？
12. 临时减免税是指什么？
13. 报关需要提交的资料有哪些？
14. 关税的征税对象是谁？
15. 滑准税是什么？

任务 4.2　实训内容

4.2.1　实训一

实训资料：

2021 年 9 月 1 日，某公司由于担负国家重要工程项目，经批准免税进口了一套电子设备，使用 2 年后项目完工。2023 年 8 月 31 日，公司将该设备出售给国内另一家企业。该电子设备的到岸价格为 300 万元，关税税率为 10%，海关规定的监管年限为 5 年。

实训要求：

试计算该公司应补缴的关税税额。

4.2.2　实训二

实训资料：

乙公司将一台价值 250 万元的机械设备运往境外修理，出境时向海关报明，并在规定期限内复运进境。已知该公司支付境外修理费 8 000 美元、料件费 500 美元，复运进境的运输费 2 500 美元、保险费 450 美元。上述费用均已经过海关审定，当期汇率 1 美元 ≈ 6.78 元人民币，该设备适用的关税税率为 7%。

实训要求：

计算该公司将设备复运进境时应缴纳的进口关税。

4.2.3　实训三

实训资料：

（1）2020 年 6 月 1 日，甲企业进口一台设备，享受免税进口关税优惠。海关审定的原进口时的完税价格为 150 万元，经调试后投入使用的设备账面原值170万元，使用年限10年，海关监管期5年。2021年11月1日，甲企业将该设备转让，转让收入100万元，设备关税税率8%。

（2）甲企业进口一批货物，海关于2022年3月1日填发税款缴款书，但该公司迟至3月27日才缴纳500万元的关税。

实训要求：

①计算该企业转让设备应补缴的关税；

②计算海关应征收的关税滞纳金。

项目 5　资源税

实训目的

通过实训学习,使学生掌握资源税的有关含义,理解资源税的纳税义务人,掌握资源税的税目税率,了解资源税的征税范围、期限、时间,掌握资源税的计算方法。

实训要求

◎ 理解资源税的纳税人范围。
◎ 掌握资源税的税目、税率。
◎ 掌握资源税的计算方法。

实训准备

◎ 《中华人民共和国资源税法》。
◎ 配备蓝(黑)笔、计算器。

任务 5.1 理论测试

5.1.1 单选题

1. 根据资源税法律制度的规定，下列各项中，不属于资源税征税范围的是（ ）。
   A. 开采的原煤
   B. 以空气加工生产的液氧
   C. 开采的天然气
   D. 井矿盐

2. 根据资源税法律制度的规定，下列各项中，属于资源税纳税人的是（ ）。
   A. 进口金属矿石的冶炼企业
   B. 销售精盐的商场
   C. 开采销售原煤的公司
   D. 销售石油制品的加油站

3. 根据资源税法律制度的规定，下列表述中关于资源税纳税义务发生时间不正确的是（ ）。
   A. 自产自用应税资源品目的，为移送使用应税产品的当天
   B. 销售应税资源品目采取预收货款结算方式的，为收到销售款当天
   C. 扣缴义务人代扣代缴资源税税款的，为支付首笔货款或开具应支付货款凭据的当天
   D. 销售应税资源品目取分期收款结算方式的，为销售合同规定的收款日期的当天

4. 纳税人开采原煤销售的，其资源税的计税依据为（ ）。
   A. 开采数量   B. 实际产量
   C. 销售额   D. 销售数量

5. 根据资源税法律制度的有关规定，下列表述不正确的是（ ）。
   A. 资源税采用比例税率和定额税率两种形式
   B. 对经营分散、多为现金交易且难以控管的黏土、砂石，按照便利征管原则仍实行从量定额计征
   C. 对未列举名称的其他非金属矿产品，按照从价计征为主、从量计征为辅的原则，由省级人民政府确定计征方式
   D. 对特种行业取用水，从低制定税额标准

6. 下列关于资源税的说法，错误的是（ ）。
   A. 在中华人民共和国领域及管辖海域开采应税矿产品和生产盐的单位与个人，为资源税的纳税人
   B. 外籍人员在我国境内开采铁矿石，免征资源税
   C. 在美国开采矿产品的中国企业，应向中国缴纳资源税
   D. 外国企业运送矿产品到中国的，应向中国缴纳资源税

7. 下列各项中，属于资源税征税范围的是（ ）。
   A. 卤水   B. 人造原油
   C. 洗煤、选煤 D. 煤层瓦斯

8. 下列各项中，应同时征收增值税和资源税的是（ ）。
   A. 生产销售人造石油
   B. 销售柴油
   C. 进口原油
   D. 将开采的天然气用于职工食堂

9. 某砂石场开采砂石 5 000 立方米，对外销售 4 000 立方米，取得不含税销售额 40 000 元，已知当地砂石资源税税率为 3 元/立方米。根据资源税法律制度的规定，该砂石场当月应缴纳资源税（ ）元。
   A. 0   B. 12 000
   C. 15 000   D. 40 000

10. 下列关于资源税的概念，不正确的是（ ）。

A. 我国开征的资源税以部分自然资源为课税对象

B. 资源税的基本原则包括清费立税、合理负担、适度分权和循序渐进。

C. 对经营分散、多为现金交易且难以控管的黏土、砂石，实行从价计征

D. 资源税的主要目标是建立规范公平、调控合理、征管高效的资源税制度

11. 根据资源税法律制度的规定，资源税的纳税义务人不包括（　　）。

A. 在中国境内开采并销售煤炭的单位或个人

B. 从本集体经济组织的水塘中取用水的农村集体经济组织

C. 在中国境内开采天然原油的企业

D. 对衰竭期煤矿开采煤炭的国有企业

12. 纳税人以下行为，不缴纳资源税的是（　　）。

A. 纳税人开采铜原矿用于连续加工铜选矿

B. 纳税人开采地热用于投资

C. 纳税人开采黏土用于连续加工陶器

D. 纳税人开采原煤用于换取检测设备

13. 下列关于资源税计税依据的说法，不正确的是（　　）。

A. 资源税的计税依据为应税产品的计税销售额或销售数量

B. 计税销售额是指纳税人销售原煤向购买方收取的全部价款，不包括增值税销项税额

C. 纳税人以自采原矿洗选加工为选矿产品销售，或者将选矿产品自用于应当缴纳资源税情形的，按原矿产品计征资源税

D. 计入销售额的相关运杂费用，凡取得增值税发票或者其他合法有效凭据的，准予从销售额中扣除

14. 甲矿业公司于2022年1月8日购入150万元（不含增值税，下同）的铁原矿（已取得增值税专用发票），与自采的铁原矿混合洗选加工为铁选矿进行销售，销售额为520万元。已知当地铁原矿税率为4%，铁选矿税率为2%，则甲矿业公司当月应纳资源税（　　）万元。

A. 4.4　　　　　　　　B. 8.8

C. 7.4　　　　　　　　D. 10.4

15. 北京的某企业于2020年12月开采原油50吨对外销售，取得不含增值税价款350万元。同月，开采原煤20吨对外销售，取得不含增值税价款80万元。已知原油资源税税率为6%，原煤资源税税率为3%，当月未分别核算应税产品的销售额。该企业12月应缴纳的资源税为（　　）万元。

A. 25.8　　　　　　　B. 23.4

C. 12.9　　　　　　　D. 19.4

16. 根据资源税法律制度的规定，纳税人销售应税资源向购买方收取的下列款项中，应计入销售额纳税的是（　　）。

A. 增值税销项税额

B. 手续费

C. 从坑口到码头的已取得增值税专用发票的运输费用

D. 从坑口到码头的运输过程中已取得增值税专用发票的装卸费

17. 甲煤矿发生的下列行为中，不征收资源税的是（　　）。

A. 将自采的原煤移送锅炉房用于本企业取暖

B. 将自采的原煤销售给市政供暖公司用于市政供暖

C. 将自采的原煤移送车间加工洗选煤

D. 将自采的原煤用于抵偿到期债务

18. 假设某铜矿开采企业于2021年10月开采并销售铜原矿，开具增值税专用发票，注明金额500万元，税额65万元；销售铜选矿取得不含增值税销售额2 000万元。当地省级人民政府规定，铜矿原矿资源税税率为3%，铜矿选矿税率为8%，则该企业2021年10月应该缴纳的资源税税额为（　　）万元。

A. 200　　　　　　　B. 75

C. 175　　　　　　　D. 160

19. 某油田为增值税一般纳税人，2021年10月开采原油800万吨，销售原油500万吨，每吨不含税价格为5 000元，对外捐赠原油5万吨，油田加热用原油2万吨。该地区资源税税率为6%，则该油田2021年10月应缴纳资源税（　　）万元。

A. 150 000　　　　　B. 151 500

C. 152 100　　　　　D. 240 000

20. 甲矿山企业为增值税一般纳税人，其关联企业乙公司（增值税一般纳税人）销售甲矿山企业开采的中重稀土，甲矿山与乙公司之间按成本价结算。2021年10月，乙公司销售中重稀土取得不含税销售额4 500万元，与甲矿山结算的成本价为3 500万元。本月甲矿山零星销售中重稀土，取得不含税销售额50万元，资源税税率20%，则甲矿山2021年10月应缴纳资源税（　　）万元。

A. 945　　　　　B. 958.5
C. 1215　　　　D. 910

21. 某纯净水生产企业2021年12月开发生产纯净水6 900立方米，本月销售6 000立方米。该企业所在地规定，纯净水实行从量定额征收资源税，资源税税率为5元/立方米。该企业2021年12月应缴纳的资源税税额为（　　）元。

A. 34 500　　　　B. 30 000
C. 4 500　　　　　D. 0

22. 某石化企业为增值税一般纳税人，该企业2021年12月开采天然气100万立方米，开采成本为150万元，全部销售给关联企业，价格明显偏低并且无正当理由，当地无同类天然气售价。已知主管税务机关确定的天然气成本利润率为10%，天然气资源税税率为6%。该企业应缴纳资源税（　　）万元。

A. 9.9　　　　　B. 10.53
C. 11.26　　　　D. 13.25

23. 某煤矿将外购原煤和自采原煤按照1∶1的比例混合在一起销售，2021年12月销售混合原煤600吨，取得不含增值税销售额30万元，通过对增值税发票进行确认，外购原煤单价490元/吨（不含增值税），该煤矿原煤资源税税率为8%，则当期该煤矿应缴纳资源税（　　）万元。

A. 0.03　　　　　B. 1.2
C. 1.22　　　　　D. 2.4

24. 下列关于资源税税收优惠表述正确的是（　　）。

A. 煤炭开采企业因安全生产需要抽采的煤成（层）气免征资源税

B. 高含硫天然气减征20%的资源税

C. 高凝油减征30%的资源税

D. 开采原油以及在油田范围内运输原油过程中用于加热的原油、天然气需要缴纳资源税

25. 2022年1月，某原油开采企业（增值税一般纳税人）销售原油取得不含税销售额3 000万元，开采过程中加热使用原油1吨，用5吨原油与汽车生产企业换取小汽车一辆，原油不含税销售价格为0.45万元/吨，原油资源税税率为6%，则该企业6月应缴纳资源税（　　）万元。

A. 180.16　　　　B. 180
C. 180.14　　　　D. 179.13

26. 某低丰度油气田开采的原油在国内市场的平均销售价格为5 000元/吨（不含增值税金额，下同），天然气的销售价格为2元/立方米。2022年4月，该油气田开采原油40万吨，当月国内销售30万吨，开采原油过程中用于加热消耗原油2万吨；剩余8万吨原油用于出口，价格为5 500元/吨。专门开采天然气400万立方米，当月销售天然气300万立方米，剩余待售天然气100万立方米。原油、天然气的资源税税率均为6%，则该油气田4月应该缴纳的资源税为（　　）万元。

A. 9 340.8　　　　B. 11 676
C. 12 048　　　　D. 9 820.8

27. 关于资源税纳税地点的说法，不正确的是（　　）。

A. 纳税人应纳的资源税应当向开采或者生产所在地的主管税务机关缴纳

B. 海洋原油、天然气资源税应向海关缴纳

C. 扣缴义务人代扣代缴的资源税，应当向收购地主管税务机关缴纳

D. 纳税人跨省开采资源税应税产品的，应当向开采或者生产所在地的主管税务机关缴纳

28. 下列关于资源税的征收管理表述中，纳税人纳税义务发生时间不正确的是（　　）。

A. 纳税人自产自用应税产品的，其纳税义务发生时间为移送使用应税产品当天

B. 纳税人采用分期收款结算方式销售应税产品的，其纳税义务发生时间为销售合同规定收款日期的当天

C. 纳税人采用预收款结算方式销售应税产品的，其纳税义务发生时间为收讫销售款当天

D. 扣缴义务人代扣代缴税款的，其纳税义务发生时间为支付首笔货款或首次开具支付货款凭据的当天

29. 在资源税中，煤炭的征税范围包括（　　）。
A. 已税原煤加工的洗煤
B. 已税原煤加工的选煤
C. 原煤
D. 煤炭制品

30. 我国资源税的纳税地点是（　　）。
A. 开采地　　　　B. 消费地
C. 纳税人注册地　D. 使用地

5.1.2　多选题

1. 根据资源税法律制度的规定，下列各项中，应计入资源税销售额的有（　　）。
A. 收取的价款
B. 收取的逾期付款违约金
C. 收取的增值税销项税额
D. 收取的优质费

2. 根据资源税法律制度的规定，下列各项中，免征资源税的有（　　）。
A. 煤炭开采企业因安全生产需要抽采的煤成（层）气
B. 开采原油过程中用于加热的原油
C. 开采后出口的原油
D. 开采后销售的原油

3. 根据资源税法律制度的规定，下列单位和个人的生产经营行为，应缴纳资源税的有（　　）。
A. 冶炼企业进口铁矿石
B. 个体经营者开采原煤
C. 军事单位开采石油
D. 中外合作企业开采天然气

4. 根据资源税法律制度的规定，下列关于金矿资源税纳税环节的表述，正确的有（　　）。
A. 纳税人以自采原矿销售的，在原矿销售环节缴纳资源税
B. 纳税人以自采原矿加工金锭销售的，在金锭销售环节缴纳资源税
C. 纳税人以自采原矿加工金锭自用的，在金锭自用环节缴纳资源税
D. 纳税人以自采原矿加工金精矿销售的，在原矿移送环节缴纳资源税

5. 根据资源税法律制度的规定，下列各项，应缴纳资源税的有（　　）。
A. 钾盐
B. 锂盐
C. 提取地下卤水晒制的盐
D. 海盐

6. 以下属于《资源税税目税率表》能源矿产税目的有（　　）。
A. 地热　　　　　B. 天然沥青
C. 天然气水合物　D. 二氧化碳气

7. 以下属于《资源税税目税率表》水气矿产项目的有（　　）。
A. 矿泉水　　　　B. 天然气
C. 氢气　　　　　D. 硫化氢气

8. 下列关于资源税的表述中，正确的有（　　）。
A. 凡缴纳资源税的产品，也是缴纳增值税的货物
B. 资源税按照《资源税税目税率表》实行从价计征或者从量计征
C. 资源税计税销售额或者销售数量，包括应税产品实际销售和视同销售两个部分
D. 纳税人扣减的运杂费用明显偏高导致应税产品价格偏低且无正当理由的，主管税务机关可以合理调整计税价格

9. 下列纳税人开采应税资源产品的减免税规定，由省、自治区、直辖市人民政府提出，报同级人民代表大会常务委员会决定，并报全国人民代表大会常务委员会和国务院备案的有（　　）。
A. 纳税人开采尾矿、低品位矿免征或者减征

资源税

B. 开采原油过程中用于加热、修井的原油，免征资源税

C. 纳税人开采或者生产应税产品过程中，因意外事故或者自然灾害等原因遭受重大损失，减征或免征资源税

D. 对稠油、高凝油和高含硫天然气减征40%资源税

10. 以下关于资源税征收管理的说法，不正确的是（　　）。

A. 纳税人以1个月为一期纳税的，自期满之日起10日内申报纳税

B. 纳税人以自采原矿直接加工为非应税产品的，在非应税产品对外销售时计算缴纳资源税

C. 以应税产品投资、分配、抵债、赠与、以物易物等，在应税产品所有权转移时计算缴纳资源税

D. 纳税人开采或者生产资源税应税产品，应当依法向开采地或者生产地主管税务机关申报缴纳资源税

11. 我国现行资源税属于（　　）。

A. 一般资源税　　　B. 广义资源税

C. 级差资源税　　　D. 狭义资源税

12. 根据资源税法律制度的规定，下列各项中，不征收资源税的有（　　）。

A. 石油公司销售自产原油

B. 加油站销售柴油

C. 贸易公司进口铁矿

D. 超市销售精盐

13. 根据资源税有关规定，对纳税人以未税液体盐连续加工固体盐的税务处理，正确的是（　　）。

A. 按固体盐税额征税，以加工的固体盐数量为课税数量计算纳税

B. 液体盐移送环节不纳税，加工成固体盐销售时，按固体盐销售数量计算纳税

C. 液体盐移送环节按移送使用数量为保税数量计算纳税，加工成固体盐销售时，不纳税

D. 液体盐移送环节按移送使用数量计税，加工成固体盐销售时，再按固体盐销售数量计算纳税

14. 下列各项属于资源税纳税期限的有（　　）。

A. 1日　　　　　　B. 3日

C. 15日　　　　　 D. 1个月

15. 某铁矿开采企业为增值税一般纳税人，2021年10月将一部分自采的铁矿原矿直接对外销售，取得含增值税销售额565万元；将另一部分自采的铁矿原矿移送车间加工为铁矿选矿并销售，取得含增值税销售额339万元。已知，增值税税率为13%，铁矿原矿的资源税税率为1%，铁矿选矿的资源税税率为2%。根据资源税法律制度的规定，下列计算正确的有（　　）。

A. 应确认的增值税销项税额=（565＋339）×13%

B. 应确认的增值税销项税额=（565＋339）÷（1＋13%）×13%

C. 应纳资源税额=565×1%＋339×2%

D. 应纳资源税额=565÷（1＋13%）×1%＋339÷（1＋13%）×2%

16. 根据资源税法律制度的规定，下列各项中，属于资源税征税范围的有（　　）。

A. 砂石　　　　　B. 海水晒制的盐

C. 金锭　　　　　D. 人造石油

17. 下列各项中，符合《中华人民共和国资源税暂行条例》有关规定的有（　　）。

A. 纳税人生产应税产品销售的，以生产数量或市价为课税数量

B. 纳税人开采或者生产应税产品销售的，以销售数量或价格为课税数量

C. 纳税人开采应税产品销售的，以开采数量或市价为课税数量

D. 纳税人开采或者生产应税产品自用的，以自用数量或市价为课税数量

18. 下列有关资源税计算不正确的有（　　）。

A. 从量定额征收方式，决定了资源税以税额率高低作为计税依据

B. 资源税的应纳税额，按照应税资源产品的课税数量计算

C. 应纳税额 = 课税数量×（1＋适用的单位税额）

D. 凡直接对外销售的应税产品，均以实际销售数量为课税数量

19. 下列资源实行固定税率的有（　　）。

A. 原油　　　　B. 天然气
C. 轻稀土　　　D. 金银

20. 下列关于资源税税率的表述，正确的有（　　）。

A. 对在《资源税税目税率表》中未列举名称的其他非金属矿产品，按照从价计征为主、从量计征为辅的原则，由省级人民政府确定计征方式

B. 对同一类型取用水，地下水水资源税税额标准要高于地表水

C. 超采地区的地下水水资源税税额标准要高于非超采地区

D. 对超过规定限额的农业生产取用水，从低制定税额标准

21. 关于代扣代缴资源税的规定，下列陈述正确的有（　　）。

A. 独立矿山、联合企业收购未税矿产品的单位，按照本单位应税产品税额、税率标准，依据收购的数量（金额）代扣代缴资源税

B. 独立矿山、联合企业收购未税矿产品的单位，按照收购地相应矿种规定的单位税额、税率标准，依据收购数量（金额）代扣代缴资源税

C. 收购未税矿产品的单位为资源税扣缴义务人

D. 其他收购单位收购的未税矿产品，按税务机关核定的应税产品税额、税率标准，依据收购的数量（金额）代扣代缴资源税

22. 下列主体属于资源税纳税人的是（　　）。

A. 在中华人民共和国领域开采应税产品的自然人

B. 在四川省利用取水工程从水库取用地表水的单位

C. 从沙特阿拉伯进口石油的国有独资企业

D. 在中华人民共和国管辖海域开采石油的中石油公司

23. 下列有关资源税的会计核算，说法正确的有（　　）。

A. 销售应税产品应纳资源税计入"税金及附加"

B. 自产自用应税产品应纳资源税计入"生产成本""制造费用"

C. 收购未税矿产品应纳资源税计入"采购成本"

D. 购入已税矿产品加工成商品时，应将可抵扣的资源税计入"应交税费——应交资源税"借方

24. 根据资源税法律制度的规定，下列说法正确的是（　　）。

A. 中外合作开采陆上、海上石油资源的企业依法缴纳资源税

B. 资源税税率有比例税率和定额税率两种

C. 纳税人自用应税产品，纳税义务发生时间为移送应税产品的当日

D. 纳税人应当向应税产品销售地的税务机关申报缴纳资源税

25. 以下应税资源的征税对象规定为原矿或选矿产品的有（　　）。

A. 原油、天然气　　B. 煤
C. 钨　　　　　　　D. 砂石

26. 下列关于资源税的说法，不正确的有（　　）。

A. 开采原煤和进口原煤均缴纳资源税

B. 资源税纳税人不仅限于企业，还包括个人

C. 目前土地资源属于我国资源税的征税对象

D. 资源税全面实行从价计征

27. 纳税人不能准确提供资源税应税产品销售数量或移送使用数量的，可以（　　）确定课税数量。

A. 应税产品的产量

B. 当期估计产量

C. 根据综合回收率折算数量

D. 主管税务机关确定的折算比换算成的数量

28. 某天然气生产企业将其自采的天然气用于下列用途，其中需要征收资源税的有（　　）。

A. 销售给市政供气企业

B. 本企业职工食堂领用

C. 与货车生产企业交换货车

D. 作为出资设立子公司

29. 下列有关资源税的说法正确的是（　　）。

A. 具有级差收入税的特定

B. 征收资源税的理论依据之一是受益原则

C. 实行从量定额征收

D. 只对特定资源征税

30. 下列关于资源税扣缴规定的说法中，正确

的有（　　）。

A. 扣缴义务人代扣资源税的计税依据是未税矿产品的收购量

B. 扣缴义务人代扣资源税时适用本单位应税矿产品的单位税额或由税务机关核定

C. 代扣代缴税款纳税义务发生时间为支付首笔货款或开具应支付货款的当天

D. 资源税的扣缴义务人包括独立矿山、联合企业、其他单位和个体经营者

5.1.3　判断题

1. 纳税人将开采的原煤自用于连续生产洗选煤的，在原煤移送使用环节缴纳资源税。（　　）

2. 原油是指开采的天然原油，不包括人造石油。（　　）

3. 我国资源税对一切矿产资源和盐资源进行课征。（　　）

4. 资源税只采用幅度税率征收。（　　）

5. 资源税适用从价计征为主、从量计征为辅的征税方式。（　　）

6. 煤炭开采企业因安全生产需要抽采的煤成（层）气，免征资源税。（　　）

7. 稠油、高凝油减征30%资源税。（　　）

8. 高含硫天然气、三次采油和从深水油气田开采的原油、天然气，减征30%资源税。（　　）

9. 从衰竭期矿山开采的矿产品，减征30%资源税。（　　）

10. 纳税人免税、减税资源税的项目，应当单独核算销售额或者销售数量。（　　）

11. 凡在我国境内开采原油、天然气的单位，都要依照《中华人民共和国资源税法》缴纳资源税；但中外合作油（气）田，以及中国海洋石油总公司上自营油田开采的原油、天然气暂不征收资源税。（　　）

12. 企业将开采的煤炭出口销售的，免征资源税。（　　）

13. 根据《中华人民共和国资源税法》的规定，资源税的纳税人暂不包括外商投资企业和外国企业。（　　）

14. 根据《中华人民共和国资源税法》的规定，资源税的征收范围包括森林资源、海洋资源和水资源。（　　）

15. 实行从量定额征收的，以应税产品的销售数量为计税依据。（　　）

16. 资源税按月或者按季度申报缴纳；不能按固定期限计算缴纳的，可以按次申报缴纳。（　　）

17. 纳税人开采或者生产不同税目应税产品的，未分别核算或者不能准确提供不同税目应税产品的销售额或者销售数量的，从高适用税率。（　　）

18. 企业进口原油应缴纳资源税。（　　）

19. 海盐属于资源税征税范围。（　　）

20. 对在中国境内开采煤炭的单位和个人，应按资源税法律制度规定征收资源税，但对进口煤炭的单位和个人不征收资源税。（　　）

21. 纳税人开采或生产应税资源产品销售的，以应税产品产量为课税数量。（　　）

22. 根据《资源税税目税率表》的规定，地热、砂石、矿泉水和天然卤水可采用从价计征或从量计征的方式计税。（　　）

23. 纳税人以外购的液体盐加工固体盐，其加工固体盐所耗用液体的已纳税额准予抵扣。（　　）

24. 纳税人以自产的液体盐加工固体盐，按液体盐税额征税，以加工的固体盐数量为课税数量。（　　）

25. 现行资源税征收范围的煤炭是指原煤和加工煤。（　　）

26. 当前自产自用的应税资源无法确定其自用量时，可以不缴纳资源税。（　　）

27. 应税资源为国家所有，所以国有企业可以不缴纳资源税。（　　）

28. 纳税人开采或者生产应税产品自用的，可以减半征收资源税。（　　）

29. 目前，我国仅对列举的资源征收资源税。

( )

30. 纳税人销售应税产品, 纳税义务发生时间为收讫销售款或者取得销售款凭据的当日。( )

5.1.4 思考题

1. 什么是资源税?
2. 资源税的纳税义务人是谁?
3. 简述资源税税目包括的五大类。
4. 列举10种金属矿产包括的税目。
5. 列举盐所包括的税目。
6. 列举水气矿产所包括的税目。
7. 免征资源税的情形有哪些?
8. 减征资源税的情形有哪些?
9. 可由省、自治区、直辖市决定免征或者减征资源税的情形有哪些?
10. 收购未税矿产品的会计处理。
11. 简述自产自用矿产品资源税的会计处理。
12. 简述一般应税资源产品的会计处理。
13. 简述外购液体盐加工固体盐的会计处理。
14. 说明资源税纳税期限。
15. 说明资源税纳税义务发生时间。

任务 5.2 实训内容

5.2.1 实训一

实训资料:

某油气田开采企业为增值税一般纳税人,2012年设立时注册资本1 000万元,资本公积200万元。2022年,新启用账簿5本,其中包括实收资本账簿1本,实收资本的金额无变动。2022年10月发生以下业务。

(1) 开采原油40万吨, 当月销售28万吨, 签订销售合同, 取得不含税收入180万元。

(2) 开采原油过程中用于加热的原油1.6万吨, 将开采的2万吨原油自用于本企业职工食堂、浴室。

(3) 开采天然气50万立方米, 当月签订销售合同销售42万立方米, 合同上注明不含税收入150万元。

(4) 签订采购合同购进开采设备, 合同上注明不含税金额270万元, 取得增值税专用发票; 签订运输合同运回上述设备, 支付运输企业不含税运费3万元, 取得增值税专用发票(已知该油气田企业开采的原油和天然气适用的资源税税率为6%)。

实训要求:

计算该企业当月应纳的资源税, 并做出计提资源税的会计处理。

5.2.2 实训二

实训资料：

华北某油田2021年3月开采原油8 000吨，当月销售5 000吨，取得不含税销售额1 700万元，用于开采原油过程中加热的原油400吨，用于职工食堂和浴室的原油20吨，当月与原油同时开采的天然气40 000立方米，均已销售，取得不含税销售额8.5万元，已知该原油与天然气适用的资源税税率均为6%。

实训要求：

计算该油田当月应缴纳的资源税税额。

5.2.3 实训三

实训资料：

河北省某铜矿开采企业2022年9月开采铜矿石200吨，当月销售铜矿原矿100吨，不含税单价50 000元／吨，开具增值税专用发票，注明金额500万元、税额65万元；将80吨铜原矿用于选矿加工后得到铜矿选矿72吨，对外销售铜矿选矿50吨，不含税单价60 000元／吨，开具增值税专用发票，注明金额300万元，税额39万元；河北省人民政府规定，铜矿原矿资源税税率为10%，铜矿选矿资源税税率为6%。

实训要求：

计算该企业当月应缴纳资源税税额。

项目 6 财产税和行为税

实训目的

通过实训学习，使学生理解房产税、车船税、土地增值税、契税、印花税的含义，以及各税种的纳税义务人；掌握各税种的税目税率及计算。

实训要求

◎ 掌握房产税、车船税、土地增值税、契税、印花税的税收优惠政策。
◎ 掌握房产税、车船税、土地增值税、契税、印花税的计算方法。
◎ 掌握房产税、车船税、土地增值税、契税、印花税的会计核算。

实训准备

◎ 《中华人民共和国房产税暂行条例》《中华人民共和国车船税法》《中华人民共和国车船税法实施条例》《中华人民共和国土地增值税暂行条例》《中华人民共和国契税法》《中华人民共和国印花税法》。
◎ 配备蓝（黑）笔、计算器。

任务 6.1 理论测试

6.1.1 单选题

1. 根据房产税法律制度的规定，下列各项中，应征收房产税的是（　　）。
   A. 国家机关自用的房产
   B. 高等学校的学生公寓
   C. 个人出租的住房
   D. 老年服务机构自用的房产

2. 根据房产税法律制度的规定，下列各项中，不予免征房产税的是（　　）。
   A. 名胜古迹中附设的经营性茶社
   B. 公园自用的办公用房
   C. 个人所有的唯一普通居住用房
   D. 国家机关的职工食堂

3. 我国房产税依照房产原值一次减除（　　）后的余值计算缴纳。
   A. 10%～30%　　　B. 20%～30%
   C. 5%～20%　　　D. 5%～30%

4. 房产是出租的，依照房产租金收入计算缴纳房产税，其税率为（　　）。
   A. 1.2%　　　　　B. 12%
   C. 10%　　　　　D. 30%

5. 房产税由房产所在地的（　　）负责征收。
   A. 财政机关　　　B. 国家税务局
   C. 其他机关　　　D. 地方税务局

6. 根据车船税法律制度的规定，下列车船中，应缴纳车船税的是（　　）。
   A. 捕捞渔船　　　B. 商用客车
   C. 警用车船　　　D. 养殖渔船

7. 车辆适用的车船税税率形式是（　　）。
   A. 比例税率　　　B. 超额累进税率
   C. 超率累进税率　D. 定额税率

8. 下列各项中，不属于车船税征税范围的是（　　）。
   A. 三轮汽车　　　B. 火车
   C. 摩托车　　　　D. 养殖渔船

9. 某运输公司拥有并使用以下车辆：农业机械部门登记的拖拉机 5 辆，自重 2 吨；载货卡车 10 辆，自重 5.7 吨；汽车挂车 5 辆，自重 4.5 吨；中型载客汽车 10 辆，其中包括 2 辆电车。当地政府规定，载货汽车的车辆税额为 60 元/吨，载客汽车的税额是 420 元/年。该公司当年应缴纳车船税为（　　）元。
   A. 9 750　　　　B. 9 570
   C. 9 150　　　　D. 8 970

10. 根据土地增值税法律制度的规定，下列各项中，不属于土地增值税纳税人的是（　　）。
    A. 出租住房的孙某
    B. 转让国有土地使用权的甲公司
    C. 出售商铺的潘某
    D. 出售写字楼的乙公司

11. 下列车辆在计算车船税时，按照货车税额 50% 计算的是（　　）。
    A. 半挂牵引车　　B. 挂车
    C. 客货两用汽车　D. 低速载货汽车

12. 根据车船税法律制度的规定，下列各项中，属于机动船舶计税单位的是（　　）。
    A. 净吨位每吨　　B. 整备质量每吨
    C. 艇身长度每米　D. 每辆购置价格

13. 根据车船税法律制度的规定，下列各项中，以"辆数"为计税依据的是（　　）。
    A. 货车　　　　　B. 轮式专用机械车
    C. 乘用车　　　　D. 专用作业车

14. 车船税的纳税申报采取（　　）的方式。

A. 按年申报，分月计算，分月缴纳

B. 按年申报，分季计算，分季缴纳

C. 按年申报，分季计算，一次性缴纳

D. 按年申报，分月计算，一次性缴纳

15. 下列关于印花税税率表述错误的是（　　）。

A. 融资租赁合同是租金的万分之零点五

B. 买卖合同是价款的万分之五

C. 租赁合同是租金的千分之一

D. 仓储合同是仓储费的千分之一

16. 下列征收印花税的是（　　）。

A. 中国人民解放军书立的应税凭证

B. 应税凭证的副本或者抄本

C. 发电厂与电网签订的售电合同

D. 农牧业保险合同

17. 根据印花税法律制度的规定，下列各项中，应缴纳印花税的是（　　）。

A. 会计咨询合同

B. 技术咨询合同

C. 法律咨询合同

D. 审计咨询合同

18. 根据印花税法律制度的规定，下列各项中，不征收印花税的是（　　）。

A. 土地使用权出让合同

B. 商品房买卖合同

C. 证券交易的出让方

D. 证券交易的受让方

19. 下列关于印花税表述正确的是（　　）。

A. 印花税的纳税人不包括外商投资企业

B. 印花税实行单一比例税率

C. 无息或者贴息借款合同免征印花税

D. 借款合同适用 0.25‰ 税率

20. 契税实行（　　）的幅度税率。

A. 5%～10%

B. 10%～30%

C. 1%～3%

D. 3%～5%

21. 下列说法符合契税规定的是（　　）。

A. 债权人承受关闭、破产企业土地、房屋权属以抵偿债务的，免征契税

B. 债权人承受关闭、破产企业土地、房屋权属以抵偿债务的，减半征收契税

C. 非债权人承受关闭、破产企业土地、房屋权属的，减半征收契税

D. 非债权人承受关闭、破产企业土地、房屋权属的，免征契税

22. 下列行为，应缴纳契税的是（　　）。

A. 法定继承人通过继承承受土地、房屋权属

B. 夫妻将其共有房产变更为一方所有

C. 承受荒滩土地使用权用于房地产开发

D. 以自有房产作股投入本人经营的合伙企业

23. 下列属于契税纳税人的是（　　）。

A. 购买花园别墅的用户

B. 销售别墅的房地产公司

C. 出让土地使用权的国土资源管理局

D. 承受土地、房屋用于医疗、科研的医院

24. 契税的纳税义务发生时间是（　　）。

A. 签订土地、房屋权属转移合同或合同性质凭证的 7 日内

B. 签订土地、房屋权属转移合同或合同性质凭证的当天

C. 签订土地、房屋权属转移合同或合同性质凭证的 10 日内

D. 签订土地、房屋权属转移合同或合同性质凭证的 30 日内

25. 对个人购买 90 平方米及以下且属家庭唯一住房的普通住房，减按（　　）的税率征收契税。

A. 3%　　　　B. 2%

C. 1%　　　　D. 4%

26. 两单位互换经营性用房，A 换到的房屋价格为 490 万元，B 换到的房屋价格为 600 万元，当地契税税率为 3%，应缴纳的契税是（　　）。

A. A 缴纳 14.7 万元

B. A 缴纳 3.3 万元

C. B 缴纳 18 万元

D. B 缴纳 3.3 万元

27. 房产税是以房屋为征税对象，依据房屋计税价值或租金收入向产权人所征收的一种（　　）。

A. 所得税　　　B. 财产税

C. 流转税　　　D. 特种税

28. 甲企业拥有一处原值 560 000 元的房产，

已知房产税税率为1.2%，当地规定的房产税减除比例为30%。甲企业该房产年应缴纳房产税税额的下列计算中，正确的是（　　）。

A. 560 000×1.2% = 6 720（元）

B. 560 000÷(1－30%)×1.2% = 9 600（元）

C. 560 000×(1－30%)×1.2% = 4 704（元）

D. 560 000×30%×1.2% = 2 016（元）

29. 甲向乙购买一批货物，合同约定丙为鉴定人，丁为担保人，关于该合同印花税纳税人的下列表述中，正确的是（　　）。

A. 甲和乙为纳税人

B. 甲和丙为纳税人

C. 乙和丁为纳税人

D. 甲和丁为纳税人

30. 根据印花税法律制度的规定，下列凭证中，不需要缴纳印花税的是（　　）。

A. 财产保险合同

B. 产权转移书据

C. 借款合同

D. 营业执照

6.1.2　多选题

1. 下列属于房产税纳税义务人的有（　　）。

A. 房屋的产权所有人

B. 房屋使用人

C. 房屋承典人

D. 房屋代管人

2. 以下属于房产税税率的有（　　）。

A. 1.2%　　　　B. 3%

C. 4%　　　　D. 12%

3. 房产税的计税依据有（　　）。

A. 房产余值　　B. 房产原值

C. 房产租金　　D. 房产数量

4. 下列各项中，关于房产税纳税义务发生时间正确的是（　　）。

A. 纳税人自行新建房屋用于生产经营，自建成次月起，缴纳房产税

B. 纳税人委托施工企业建设的房屋，自办理验收手续的次月起，缴纳房产税

C. 纳税人出租、出借房产，自交付出租、出借房产次月起，缴纳房产税

D. 纳税人将原有房产用于生产经营，自生产经营之月起，缴纳房产税

5. 房产税的征收范围是（　　）。

A. 城市　　　　B. 县城

C. 建制镇　　　D. 工矿区

6. 下列各项中，符合《中华人民共和国房产税暂行条例》规定的有（　　）。

A. 将房屋产权出典的，承典人为纳税人

B. 将房屋产权出典的，产权所有人为纳税人

C. 房屋产权未确定的，房屋代管人或使用人为纳税人

D. 产权所有人不在房产所在地的，房产代管人或使用人为纳税人

7. 下列车船中，可享受车船税减免政策的有（　　）。

A. 警用车船

B. 军队、武警专用车船

C. 新能源车船

D. 汽车

8. 车船税的纳税义务人有（　　）。

A. 车船的使用人　B. 车船的所有人

C. 车船的租用人　D. 车船的管理人

9. 印花税的纳税义务人有（　　）。

A. 立合同人　　B. 立据人

C. 立账簿人　　D. 领受人

10. 印花税的征税范围包括（　　）。

A. 产权转移书据　B. 营业账簿

C. 证券交易　　　D. 合同

11. 下列属于印花税合同内容的有（　　）。

A. 借款合同　　　　B. 运输合同
C. 融资租赁合同　　D. 保管合同

12. 下列关于印花税计税依据的表述中，符合法律规定的有（　　）。
A. 财产租赁合同以租金为计税依据
B. 财产保险合同以保险费为计税依据
C. 借款合同以借款金额为计税依据
D. 运输合同以运输费用为计税依据

13. 下列属于印花税税率的有（　　）。
A. 比例税率　　　　B. 定额税率
C. 累进税率　　　　D. 幅度比例税率

14. 下列属于契税征收范围的有（　　）。
A. 国有土地使用权出让
B. 房屋赠与
C. 房屋买卖
D. 土地使用权的转让

15. 下列各项中，可以享受契税税收优惠的有（　　）。
A. 城镇职工自己购买的商品住房
B. 政府机关承受房屋用于办公
C. 非债权人在企业破产清算期间承受破产企业房屋权属
D. 军事单位承受房屋用于军事设施

16. 计征契税的计税依据有（　　）。
A. 房地产的成交价格
B. 房地产的租金
C. 房地产的市场价格
D. 房地产交换时的价格差额

17. 下列以成交价格为依据计算契税的有（　　）。
A. 土地使用权出让
B. 土地使用权出售
C. 土地使用权赠与
D. 土地使用权交换

18. 视同土地使用权转让、房屋买卖或者房屋赠与征收契税的特殊方式包括（　　）。
A. 以土地、房屋权属作价投资、入股
B. 以获奖方式承受土地、房屋权属
C. 以预购方式或者预付集资建房款方式承受土地、房屋权属
D. 以土地、房屋权属抵债

19. 甲将原值 28 万元的房产评估作价 30 万元投资乙企业，乙企业办理产权登记后又将该房产以 40 万元价格售予丙企业，当地契税税率 3%，则（　　）。
A. 丙企业缴纳契税 0.9 万元
B. 丙企业缴纳契税 1.2 万元
C. 乙企业缴纳契税 0.9 万元
D. 乙企业缴纳契税 0.84 万元

20. 根据房产税法律制度的规定，下列与房屋不可分割的附属设备中，应计入房产原值计缴房产税的有（　　）。
A. 中央空调　　　　B. 电梯
C. 暖气设备　　　　D. 给水排水管道

21. 根据土地增值税法律制度的规定，纳税人转让旧房及建筑物，在计算土地增值税额时，准予扣除的项目有（　　）。
A. 评估价格
B. 转让环节缴纳的税金
C. 取得土地使用权所支付的地价款
D. 重置成本价

22. 下列各项中，属于土地增值税的核定征收情形有（　　）。
A. 依照法律、行政法规的规定应当设置但未设置账簿的
B. 擅自销毁账簿或者拒不提供纳税资料的
C. 虽设置账簿，但账目混乱或者成本资料、收入凭证、费用凭证残缺不全，难以确定转让收入或扣除项目金额的
D. 申报的计税依据明显偏低，又无正当理由的

23. 根据契税法律制度的规定，下列各项中，需要缴纳契税的有（　　）。
A. 甲接受捐赠的房子
B. 乙出典的房子
C. 丙购买的房子
D. 丁承租的房子

24. 根据车船税法律制度的规定，下列各项中，应征收车船税的有（　　）。
A. 乘用车　　　　B. 机动船舶
C. 电动自行车　　D. 挂车

25. 根据车船税法律制度的规定，下列有关车船税计税依据的表述中，正确的有（　　）。

A. 商用客车以辆数为计税依据

B. 机动船舶以整备质量吨位数为计税依据

C. 游艇以艇身长度为计税依据

D. 商用货车以净吨位数为计税依据

26. 根据车船税法律制度的规定，以下属于车船税征税范围的有（　　）。

A. 用于耕地的拖拉机

B. 用于接送员工的客车

C. 用于休闲娱乐的游艇

D. 供企业经理使用的小汽车

27. 根据印花税法律制度的规定，下列合同中，属于印花税征税范围的有（　　）。

A. 会计师事务所与客户签订的审计咨询合同

B. 电网与用户签订的供用电合同

C. 软件公司与用户签订的技术培训合同

D. 研究所与企业签订的技术转让合同

28. 根据印花税法律制度的规定，下列关于印花税征税范围的表述中，正确的有（　　）。

A. 同一业务中既书立合同，又开立单据，只就合同征收印花税

B. 未按期兑现的合同不征收印花税

C. 具有合同性质的凭证应视同合同征收印花税

D. 对纳税人以电子形式签订的各类应税凭证按规定征收印花税

29. 根据土地增值税法律制度的规定，下列情形中，免予缴纳土地增值税的有（　　）。

A. 因城市实施规划、国家建设的需要搬迁，由纳税人自行转让原房地产

B. 纳税人建造高级公寓出售，增值额未超过扣除项目金额20%

C. 企事业单位转让旧房作为公共租赁住房房源，且增值额未超过扣除项目金额20%

D. 因国家建设需要依法征用、收回的房地产

30. 根据房产税法律制度的规定，下列各项中，应当计入房产原值，计征房产税的有（　　）。

A. 独立于房屋之外的烟囱

B. 中央空调

C. 房屋的给水、排水管道

D. 室外游泳池

6.1.3　判断题

1. 房产税应计入管理费用核算。（　　）

2. 对非营利性医疗机构、疾病控制机构和妇幼保健机构等卫生机构自用的房产，免征房产税。（　　）

3. 房产税实行按年计算、分期缴纳的征收办法，具体纳税期限由各省、自治区、直辖市人民政府确定。（　　）

4. 车船税纳税义务发生时间为车船管理部门核发车船登记证书或行驶证书所记载日期的当天。（　　）

5. 已缴纳车船税的车船在同一纳税年度办理转让过户的，不再另行纳税，也不退税。（　　）

6. 车船税使用从价计征。（　　）

7. 证券交易印花税扣缴义务人应当自每周终了之日起5日内申报解缴税款以及银行结算的利息。（　　）

8. 印花税纳税义务发生时间为纳税人书立应税凭证或者完成证券交易的当日。（　　）

9. 产权未确定以及租典纠纷未解决的，暂不征收房产税。（　　）

10. 国家机关承受房屋用于办公的，免征契税。（　　）

11. 某公立高校将一处原用于教学已免缴契税的教学楼出租给某企业，应征收契税，但不需要补缴已经免缴的契税。（　　）

12. 对融资租赁的房屋计征房产税时，应以出租方取得的租金收入为计税依据。（　　）

13. 张某将个人拥有产权的房屋出典给李某，则李某为该房屋房产税的纳税人。（　　）

14. 甲钢铁厂依法不需要在车船登记管理部门

登记的在单位内部场所行驶的机动车辆，属于车船税的征税范围。（　）

15. 书、报、刊订阅单位与个人之间书立的凭证，免征印花税；但订阅单位与发行单位之间应按规定计征印花税。（　）

16. 纳税人签订的商品房销售合同应按照"产权转移书据"税目计缴印花税。（　）

17. 房地产开发项目中同时包含普通住宅和非普通住宅的，应分别计算土地增值税的增值额。（　）

18. 房产所有人将房屋赠与承担直接赡养义务的人，不征收土地增值税。（　）

19. 房地产开发企业建造的商品房，出售前已使用的，不征收房产税。（　）

20. 购置的新车船，购置当年车船税的应纳税额自纳税义务发生的次月起按月计算。（　）

21. 车船所有人或者管理人未缴纳车船税的，使用人应当代为缴纳车船税。（　）

22. 不动产产权发生转移的，纳税人应当向不动产所在地的主管税务机关申报缴纳印花税。（　）

23. 财产租赁合同的计税依据为租赁金额。经计算，税额不足1元的，按1元贴花。（　）

24. 权利、许可证照的计税依据为所载金额。（　）

25. 应税合同在签订时，纳税义务即产生，应计算应纳税额并贴花。（　）

26. 契税的计税依据为不动产的数量。（　）

27. 契税实行属地征收管理。纳税人应当在依法办理土地、房屋权属登记手续前申报缴纳契税。（　）

28. 纳税人应当自纳税义务发生之日起10日内，向土地、房屋所在地的契税征收机关办理纳税申报，并在契税征收机关核定的期限内缴纳税款。（　）

29. 个人无偿赠与不动产行为，对受赠人减半征收契税。（　）

30. 出让国有土地使用权，契税计税价格为承受人为取得该土地使用权而支付的全部经济利益。（　）

6.1.4　思考题

1. 简述房产税的概念。
2. 简述车船税的概念。
3. 简述房产税的征税范围。
4. 简述房产税税率的规定。
5. 简述车船税的纳税义务人。
6. 简述车船税纳税义务发生时间。
7. 简述印花税的概念。
8. 简述土地增值税的概念。
9. 简述土地增值税的特点。

10. 印花税纳税义务人中立合同人指的是谁？
11. 证券交易指的是什么？
12. 什么是契税？
13. 简述土地使用权的转让和国有土地使用权出让的区别。
14. 简述房屋买卖、房屋赠与、房屋互换的区别。
15. 契税计税依据的不同情况有哪些？

任务 6.2 实训内容

6.2.1 实训一

实训资料：

甲企业的机构所在地在北京，2022 年发生以下业务。

（1）2022 年 1 月 1 日，甲企业把其 A 座办公楼租赁给美国的一家公司，租赁金额为 8 000 美元/年，适用的人民币汇率中间价为 1∶6.5，租赁期限为一年。

（2）2022 年 3 月 1 日，甲企业把其 B 座办公楼租赁给乙企业，租赁合同约定：租赁期限为 9 个月，乙企业无须支付给甲企业任何租金，也无须附带任何条件。但是，此办公楼市场租赁价格为 18 万元/年。

（3）2022 年 6 月 30 日，甲企业与丙企业签订租赁协议，该租赁协议约定：丙企业租赁甲企业 C 座办公楼，2022 年 7—12 月为免租使用期，2023—2024 年为有偿租赁期，其中有偿租赁价格为 12 万元/年。C 座办公楼房产原值为 1 000 万元。

（4）2022 年 8 月 1 日，甲企业购买了丁企业自办的幼儿园，此幼儿园的房产市场价值为 1 000 万元，账簿记载固定资产原值 900 万元。

其他相关资料：此题涉及的金额全部为不含税金额，房产税的扣除比例为 30%。

实训要求：

①计算业务（1）中甲企业应缴纳房产税；
②计算业务（2）中甲企业应缴纳房产税；
③计算业务（3）中甲企业应缴纳房产税；
④计算业务（4）中甲企业应缴纳房产税。

6.2.2 实训二

实训资料：

某企业在 2022 年度发生以下业务。

（1）采用以物易物方式进行商品交易签订合同两份，一份标明价值，自身商品价值 50 万元，对方商品价值 55 万元；另一份未标明价值，只列明用自身 10 吨的商品换对方 9 吨的商品，经核实自身商品市场单价 10 000 元/吨，对方商品单价 12 000 元/吨。

（2）该企业承揽加工业务，签订加工承揽合同两份，其中一份合同记载由受托方提供原材料，价值 30 万元，另收取加工费 10 万元；另一份合同规定由委托方提供原材料，原材料价值 50 万元，企业收取加工费 20 万元。

（3）该企业与外单位签订货物运输合同一份，总金额为 100 万元，其中含货物的装卸费和保险费共计 10 万元。

（4）签订借款合同两份，一份借款金额为 200 万元，后因故未借；另一份借款金额为 100 万元，合同约定半年后归还本金和利息。

实训要求：

根据上述资料对该企业印花税的缴纳金额计算进行分析。

6.2.3 实训三

实训资料：

（1）载货汽车 8 辆，其中 2 辆新购买的汽车尚未使用，净吨位为 10 吨；

（2）4 辆低速货车，自重 1.5 吨；

（3）45 座的大客车 3 辆，其中 1 辆为企办子弟校专用；

（4）小轿车 3 辆，其中 1 辆从某单位长期借用；

（5）摩托车 2 辆，两年税额 400 元。

（注：载货汽车每吨年税额 80 元，乘人大客车每辆年税额 500 元，小轿车每辆年税额 400 元，低速货车自重每吨年税额 100 元，摩托车每辆年税额 120 元。）

实训要求：

计算应交车船税，并作会计分录。

项目 7　特定目的税

实训目的

通过实训学习,使学生了解城市维护建设税、车辆购置税、耕地占用税、船舶吨税以及烟叶税的含义,掌握各税种的纳税人,了解各税种的税收优惠,掌握各税种的计算方法。

实训要求

◎ 理解城市维护建设税、车辆购置税、耕地占用税、船舶吨税和烟叶税的概念与纳税义务人。

◎ 掌握城市维护建设税、车辆购置税、耕地占用税、船舶吨税和烟叶税的计算方法。

◎ 掌握城市维护建设税、车辆购置税、耕地占用税、船舶吨税和烟叶税的税收优惠政策。

实训准备

◎ 《中华人民共和国城市维护建设税法》《中华人民共和国车辆购置税法》《中华人民共和国耕地占用税法》《中华人民共和国船舶吨税法》《中华人民共和国烟叶税法》。

◎ 配备蓝(黑)笔、计算器。

任务 7.1 理论测试

7.1.1 单选题

1. 下列项目中属于城市维护建设税计税依据的是（　　）。
   A. 某大型商场少计算增值税被追缴的部分
   B. 个体工商户拖欠增值税加收的滞纳金
   C. 个人独资企业偷税被处以的增值税罚款
   D. 某矿山销售铁矿石缴纳的资源税

2. 下列对城市维护建设税表述不正确的是（　　）。
   A. 税款专门用于城市公用事业和公共设施的维护建设
   B. 城市维护建设税属于一种附加税
   C. 本身没有特定的课税对象
   D. 根据城镇规模设计定额税率

3. 根据烟叶税法律制度的规定，下列属于烟叶税纳税人的是（　　）。
   A. 生产烟叶的个人
   B. 收购烟叶的单位
   C. 销售香烟的单位
   D. 消费香烟的个人

4. 甲县某烟草公司去相邻的乙县收购烟叶，2022年8月9日支付烟叶收购价款80万元，另对烟农支付了价外补贴10%。下列关于纳税事项的表述正确的是（　　）。
   A. 烟草公司应在9月9日之前申报缴纳烟叶税
   B. 烟草公司8月收购烟叶应缴纳烟叶税17.6万元
   C. 烟草公司应向甲县主管税务机关申报缴纳烟叶税
   D. 烟草公司收购烟叶的纳税义务发生时间是8月10日

5. 下列关于烟叶税的说法错误的是（　　）。
   A. 烟叶税纳税人为销售烟叶的单位和个人
   B. 烟叶税的征税范围为晾晒烟叶、烤烟叶
   C. 纳税人收购烟叶，应当向烟叶收购地的主管税务机关申报纳税
   D. 纳税人应当自纳税义务发生月终了之日起15日内申报并缴纳税款

6. 下列各项中，属于船舶吨税计税依据的是（　　）。
   A. 船舶净吨位　　B. 船舶数量
   C. 整备质量　　　D. 船舶长度

7. 2021年5月，A国某运输公司一艘游艇驶入我国某港，该游艇无法提供净吨位证明文件，游艇发动机功率为3 000千瓦，游艇负责人已向我国海关领取了吨税执照，在港口停留期限为30天，A国已与我国签订有相互给予船舶税费最惠国待遇条款。该游艇负责人应向我国海关缴纳船舶吨税（　　）元。（不超过2 000净吨位的船舶吨税适用优惠税率为1.5元/净吨）
   A. 255　　　　　B. 450
   C. 396　　　　　D. 225

8. 2021年5月1日，甲国某公司一艘货轮驶入我国某港口，该货轮净吨位为8 000吨，货轮负责人已向我国海关领取了吨税执照，在港口停留期限为90日（吨税执照期限为90日，普通税率为每净吨位8元，优惠税率为每净吨位5.8元），该国已与我国签订相互给予船舶税费最惠国待遇条款的协定。该货轮负责人应向我国海关缴纳船舶吨税（　　）元。
   A. 0　　　　　　B. 46 400
   C. 64 000　　　 D. 64 600

9. 依据车船税法律制度的规定，下列各项中，不属于车船税征税范围的是（　　）。
   A. 摩托车　　　B. 拖拉机

C. 游艇　　　　D. 挂车

10. 甲公司于2022年初拥有并使用下列车辆（均为汽油动力车）：（1）整备质量5吨的载货卡车15辆，当地规定该型号货车车船税年税额为每吨50元；（2）7座乘用车6辆，当地规定该型号乘用车车船税年税额为每辆420元。根据车船税法律制度的规定，甲公司2022年应纳车船税税额为（　　）元。

A. 3 190　　　　B. 3 270
C. 6 270　　　　D. 21 390

11. 某企业占用林地140万平方米建造花园式厂房，所占耕地适用的定额税率为30元／平方米。该企业应缴纳耕地占用税（　　）万元。

A. 800　　　　B. 1 400
C. 2 100　　　　D. 4 200

12. 根据城市维护建设税法律制度的规定，城市维护建设税采用的税率形式是（　　）。

A. 比例税率　　　　B. 定额税率
C. 超额累进税率　　D. 超率累进税率

13. 下列各项中，符合城市维护建设税相关规定的是（　　）。

A. 下属生产单位与核算单位不在一个省内的各油井应缴纳城市维护建设税，由核算单位计算一并缴纳

B. 纳税人在被查补"三税"和被处以罚款时，应同时对其偷漏的城市维护建设税进行补缴、征收滞纳金和罚款

C. 无固定纳税地点的个人，城市维护建设税纳税地点为户籍所在地

D. 代扣代缴的城市维护建设税应按照被扣缴纳税人所在地适用税率缴纳城市维护建设税

14. 根据《中华人民共和国车辆购置税暂行条例》的规定，下列不属于车辆购置税纳税义务人的是（　　）。

A. 进口车辆用于销售的商业企业
B. 应税车辆的购买使用者
C. 免税车辆的受赠使用者
D. 应税车辆的进口使用者

15. 杰克为甲国驻我国的外交官，2017年1月，杰克将其自用2年的一辆小轿车转让给我国公民张某，成交价为110 000元，该辆小轿车规定的使用年限为10年，初次办理纳税申报时确定的计税价格为220 000元。该辆小轿车应补缴的车辆购置税税额为（　　）元。

A. 0　　　　B. 11 000
C. 17 600　　D. 24 000

16. 根据现行车辆购置税规定，下列说法错误的是（　　）。

A. 购买自用摩托车的计税依据是支付的全部价款和价外费用（不含增值税）

B. 车辆购置税的最低计税价格由国家税务总局核定

C. 免税条件消失的车辆，自初次办理纳税申报之日起，使用年限未满10年的，计税价格以免税车辆初次办理纳税申报时确定的计税价格为基准，每满1年扣减10%

D. 购买免税轿车的使用期限已超过10年的，不再征收车辆购置税

17. 下列各项中，减半征收耕地占用税的是（　　）。

A. 纳税人临时占用耕地
B. 军事设施占用耕地
C. 农村居民占用耕地新建住宅
D. 公路线路占用耕地

18. 下列关于耕地占用税的规定错误的是（　　）。

A. 耕地占用税以每平方米为计量单位
B. 耕地占用税的税率采用地区差别定额税率
C. 经济发达地区适用税额可适当提高，但最多不得超过规定税额的30%
D. 经济发达地区适用税额可适当提高，但最多不得超过规定税额的50%

19. 经济特区、经济技术开发区和经济发达、人均占有耕地较少的地区，税额可以适当提高，但是最多不得超过规定税额标准的（　　）。

A. 20%　　　　B. 30%
C. 50%　　　　D. 100%

20. 某国净吨位为3 000吨的非机动驳船，停靠在我国某港口装卸货物。驳船负责人已向我国海关领取了吨税执照，在港口停留期为30天，该国已与我国签订相互给予船舶税费最惠国待遇条

款。已知超过 2 000 净吨但不超过 10 000 净吨的船舶，30 天期的普通税率为 4.0 元 / 净吨，优惠税率为 2.9 元 / 净吨，其应缴纳的船舶吨税为（　　）元。

A. 6 000　　　　B. 8 700
C. 4 350　　　　D. 43 500

21. 2021 年 5 月 1 日，某外国籍拖船进入我国某港口，该拖船的发动机功率为 20 000 千瓦，申领 90 日的吨税执照，90 日吨税执照对应的超过 10 000 净吨，但不超过 50 000 净吨的普通税率为 9.2 元 / 净吨。该拖船应缴纳船舶吨税（　　）元。

A. 92 000　　　　B. 46 000
C. 123 280　　　　D. 61 640

22. 船舶吨税的纳税义务发生时间为（　　）。
A. 应税船舶进入港口的当日
B. 应税船舶进入港口的次日
C. 海关填发船舶吨税缴款凭证的当日
D. 海关填发船舶吨税缴款凭证的次日

23. 根据耕地占用税法律制度的规定，下列说法不正确的是（　　）。
A. 医院内职工住房占用耕地的，按照当地适用税率缴纳耕地占用税
B. 占用林地、牧草地、农田水利用地、养殖水面以及渔业水域滩涂等其他农用地建房或者从事非农业建设的，征收耕地占用税
C. 农村居民经批准在户口所在地按照规定占用耕地，建设自有住宅免征耕地占用税
D. 按规定免征或者减征耕地占用税后，纳税人改变原占地用途，不再属于免征或者减征耕地占用税情形的，应补缴耕地占用税

24. 下列符合耕地占用税法律制度规定的有（　　）。
A. 获准占用耕地的单位或者个人应当在收到土地管理部门的通知之日起 30 日内缴纳耕地占用税
B. 获准占用耕地的单位或者个人应当在收到土地管理部门的通知之日起 10 日内缴纳耕地占用税
C. 边远贫困山区生活困难的农村居民，新建住宅缴纳耕地占用税确有困难的，经所在地乡（镇）人民政府审核，报县级政府批准，可以免征或减征耕地占用税
D. 边远贫困山区生活困难的农村居民，新建住宅缴纳耕地占用税确有困难的，经所在地县级政府批准，可以免征或减征耕地占用税

25. 依据河北省耕地占用税规定，占用下列土地不征收耕地占用税的是（　　）。
A. 林地
B. 荒山荒滩
C. 养殖水面
D. 农田水利用地

26. 关于城市维护建设税的说法，下列各项中错误的是（　　）。
A. 是一种附加税
B. 采用定额税率
C. 税款专款专用
D. 计税依据是纳税人实际缴纳的增值税、消费税之和

27. 下列关于城市维护建设税的说法，正确的是（　　）。
A. 只要缴纳增值税就要缴纳城镇维护建设税
B. 只有同时缴纳增值税、消费税的纳税人才能成为城镇维护建设税的纳税人
C. 只要退还"两税"就要退还城镇维护建设税
D. 城镇维护建设税的纳税人是负有缴纳增值税、消费税义务的单位和个人

28. 下列关于烟叶税的说法，不正确的是（　　）。
A. 在中华人民共和国境内收购烟叶的单位为烟叶税纳税人
B. 依照《中华人民共和国烟草专卖法》查处没收的违法收购的烟叶，由收购罚没烟叶的单位按照购买金额计算缴纳烟叶税
C. 烟叶税计税依据是烟叶的收购价款
D. 烟叶税纳税义务发生时间为纳税人向烟叶销售者付讫收购烟叶款项或者开具收购烟叶凭据的当天

29. 下列关于烟叶税的说法，错误的是（　　）。
A. 在中国境内收购烟叶的单位需要代扣代缴烟叶税
B. 烟叶税纳税人应当自纳税义务发生之日起 30 日内申报纳税
C. 烟叶税的应纳税额等于烟叶收购金额乘以税率

D. 烟叶税纳税义务发生时间为纳税人收购烟叶的当天

30. 经济特区、经济技术开发区和经济发达、人均耕地特别少的地区，耕地占用税的适用税额可以适当提高，但提高幅度最多不得超过规定税额的一定比例。这一比例是（　　）。

A. 20%　　　　　　　　B. 30%
C. 50%　　　　　　　　D. 100%

7.1.2　多选题

1. 下列各项中，符合城市维护建设税纳税地点规定的有（　　）。

A. 城市维护建设税的纳税地点为纳税人缴纳"三税"的地点

B. 流动经营无固定纳税地点的单位，为单位注册地

C. 流动经营无固定纳税地点的个人，为居住所在地

D. 代扣代征"三税"的单位和个人，为代扣代征地

2. 下列各项中，符合城市维护建设税有关规定的有（　　）。

A. 海关对进口产品代征的增值税、消费税，征收城市维护建设税

B. 海关对进口产品代征的增值税、消费税，不征收城市维护建设税

C. 出口产品退还增值税、消费税的，不退还已缴纳的城市维护建设税

D. 出口产品退还增值税、消费税的，按50%退还已缴纳的城市维护建设税

3. 下列各项中，符合城市维护建设税计税依据规定的有（　　）。

A. 出口免抵的增值税税额

B. 偷逃消费税而加收的滞纳金

C. 出口货物免抵的增值税税额

D. 出口产品征收的消费税税额

4. 下列关于车辆购置税的规定，表述正确的有（　　）。

A. 因不可抗力因素导致受损的车辆，纳税人能提供有效证明的，计税价格为纳税人提供的有效价格证明注明价格

B. 免税条件消失的车辆使用年限的界定方法是：自初次办理纳税申报之日起，至导致免税条件消失的行为发生之日止

C. 车辆购置税一次课征，购置已征车辆购置税的车辆，不再征收车辆购置税

D. 免税条件消失的车辆，自初次办理纳税申报之日起，使用年限未满15年的，计税依据为最新核发的同类型车辆最低计税价格按每满1年扣减10%

5. 根据船舶吨税的有关规定，下列说法正确的有（　　）。

A. 中华人民共和国国籍的应税船舶免征船舶吨税

B. 中华人民共和国国籍的应税船舶适用优惠税率

C. 应税船舶在吨税执照期满后尚未离开港口的，应当申领新的吨税执照

D. 海关发现少征或者漏征税款的，应当自应税船舶应当缴纳税款之日起3年内，补征税款

6. 应税船舶到达港口前，经海关核准先行申报并办结出入境手续的，应税船舶负责人应当向海关提供与其依法履行吨税缴纳义务相适应的担保。下列财产、权利可以用于担保的有（　　）。

A. 支票

B. 非银行金融机构的保函

C. 债券

D. 人民币

7. 下列各项中，关于船舶吨税的表述正确的有（　　）。

A. 海关发现多征税款的，应当在 24 小时内通知应税船舶办理退还手续，并加算银行同期活期存款利息

B. 应税船舶负责人应当自海关填发船舶吨税缴款凭证之日起 15 日内缴清税款

C. 应税船舶发现多缴税款的，可以自缴纳税款之日起 3 年内以书面形式要求海关退还多缴的税款并加算银行同期活期存款利息

D. 应税船舶在吨税执照期限内，因税目税率调整或者船籍改变而导致适用税率变化的，应重新领取吨税执照

8. 下列情形（　　）免征耕地占用税。
A. 军用设施占用耕地
B. 学校占用耕地
C. 幼儿园占用耕地
D. 养老院、医院占用耕地

9. 下列符合耕地占用税法律制度规定的是（　　）。
A. 纳税义务人是占用耕地建设非农业用房的单位和个人，但从事农业用房建设的不属于耕地占用税的纳税义务人
B. 纳税义务人包括从事非农业建设的单位和个人
C. 征税范围包括国家和集体所有的耕地
D. 征税范围不包括茶园、果园和其他种植经济林木的土地

10. 下列各项中，关于城市维护建设税说法正确的有（　　）。
A. 海关对进口产品代征消费税的，不代征城市维护建设税
B. 对于因减免税需要进行"三税"退库的，城市维护建设税可同时退库
C. 对下岗失业人员新办的商贸企业，5 年内免征城市维护建设税
D. 城市维护建设税的税率分别为 7%、5%、3%、1%

11. 关于城市维护建设税，下列说法正确的有（　　）。
A. 属于附加税
B. 税款具有专款专用性
C. 缴纳增值税的外商投资企业构成该税的纳税人
D. 按城市规模大小设计差别率

12. 下列各项中关于烟叶税的说法正确的有（　　）。
A. 在中国境内收购烟叶的单位需要代扣代缴烟叶税
B. 烟叶税的税率为 20%
C. 烟叶税应纳税额等于收购烟叶实际支付的价款总额乘以税率
D. 烟叶税纳税义务发生时间为纳税人收购烟叶的当天

13. 某烟厂为增值税一般纳税人，2021 年 8 月收购烟叶实际支付价款总额 500 万元，已开具烟叶收购发票。下列表述正确的有（　　）。
A. 烟厂需要缴纳烟叶税 100 万元
B. 烟厂需要缴纳烟叶税 120 万元
C. 烟厂可以抵扣的进项税额为 60 万元
D. 烟厂可以抵扣的进项税额为 54 万元

14. 根据烟叶税的法律制度规定，下列说法不正确的有（　　）。
A. 收购烟叶的单位和个人为烟叶税纳税人
B. 烟叶税的征税对象是指生烟叶和熟烟叶
C. 烟叶税实行比例税率，税率为 10%
D. 烟叶税应当于纳税义务发生月终了之日起 15 日内申报缴纳

15. 下列各项中关于耕地占用税征收管理的陈述正确的有（　　）。
A. 建设直接为农业生产服务的生产设施占用农用地，不征收耕地占用税
B. 土地管理部门在通知单位或者个人办理占用耕地手续时，应当同时通知耕地所在地同级地方税务机关
C. 未经批准占用耕地的，纳税义务发生时间为实际占用耕地的当天
D. 纳税人临时占用耕地，应当依照本条例的规定缴纳耕地占用税

16. 下列各项中，应征收耕地占用税的有（　　）。
A. 铁路线路占用耕地
B. 学校占用耕地
C. 公路线路占用耕地

D. 军事设施占用耕地

17. 甲、乙两公司与政府机关共同使用一栋共有土地使用权的建筑物。该建筑物占用土地面积6 000平方米，建筑面积21 000平方米。甲、乙两公司与机关的占用比例分别为2∶1∶3，公司所在地城镇土地使用税税额为6元／平方米。下列表述正确的有（　　）。

A. 甲企业缴纳城镇土地使用税 12 000 元

B. 乙企业缴纳城镇土地使用税 6 000 元

C. 政府机关缴纳城镇土地使用税 18 000 元

D. 乙企业缴纳城镇土地使用税 36 000 元

18. 下列各项中，不属于耕地占用税征税范围的有（　　）。

A. 占用菜地开发花圃

B. 占用果园土地建造住宅区

C. 占用耕地修建鱼塘

D. 占用养殖的滩涂修建飞机场跑道

19. 根据船舶吨税法律制度的规定，下列各项中，免征船舶吨税的有（　　）。

A. 应纳税额 50 元人民币以下的船舶

B. 吨税执照期满后 24 小时内不上下客货的船舶

C. 军队、武装警察部队专用或者征用的船舶

D. 自境外以购买、受赠、继承等方式取得船舶所有权的初次进口到港的空载船舶

20. 在吨税执照期限内，应税船舶发生下列情形之一的，海关按照实际发生的天数批准延长吨税执照期限（　　）。

A. 避难，并不上下客货

B. 防疫隔离，并不上下客货

C. 修理，并不上下客货

D. 吨税执照期满后 24 小时内不上下客货的船舶

21. 根据耕地占用税法律制度的规定，下列各项土地中属于耕地的有（　　）。

A. 果园　　　　B. 花圃

C. 茶园　　　　D. 菜地

22. 根据车辆购置税法律制度的规定，下列车辆应缴纳车辆购置税的有（　　）。

A. 三轮摩托车

B. 有轨电车

C. 设有固定装置的非运输车辆

D. 小轿车

23. 纳税人办理车辆购置税纳税申报时，除填写《车辆购置税纳税申报表》外，还应同时提供（　　）。

A. 车主身份证明　　B. 车辆价格证明

C. 保险缴纳证明　　D. 车辆合格证明

24. 关于车辆购置税的计算，下列说法正确的有（　　）。

A. 进口自用的应税小汽车的计税价格包括关税完税价格和关税，不包括消费税

B. 纳税人进口自用应税车辆，申报的计税价格低于同类型应税车辆的最低计税价格，又无正当理由的，计税价格为国家税务总局核定的最低计税价格

C. 有效价格证明上注明价格明显偏低的，主管税务机关有权核定应税车辆的计税价格，核定计税价格的方法为核定计税价格 = 车辆销售企业车辆进价（进货合同或者发票注明的价格）×（1＋成本利润率）

D. 进口自用的应税小汽车，其计税价格 = 关税完税价格＋关税＋消费税

25. 下列各项中，属于车辆购置税应税行为的有（　　）。

A. 购买使用行为

B. 进口使用行为

C. 受赠使用行为

D. 获奖使用行为

26. 根据车船税法律制度的规定，以下属于车船税征税范围的有（　　）。

A. 用于耕地的拖拉机

B. 用于接送员工的客车

C. 用于休闲娱乐的游艇

D. 供企业经理使用的小汽车

27. 下列各项中，符合车辆购置税征收规定的有（　　）。

A. 进口自用的应税大卡车，其车辆购置税计税价格包括关税完税价格和关税

B. 购买免税轿车的使用期限已超过 8 年，不再征收车辆购置税

C. 进口应税车辆，应当自进口之日起 60 日内

申报纳税

D. 车辆购置税采用一车一申报制度

28. 下列选项中，符合车辆购置税计税依据的有（　　）。

A. 购买自用应税车辆时，支付的车辆装饰费不并入计税依据中计税

B. 免税、减税条件消失的车辆，超过使用年限的车辆，不再征收车辆购置税

C. 汽车销售公司使用本公司发票的代收款项并入计税价格计征车辆购置税

D. 非贸易渠道进口车辆的最低计税价格，为同类型新车最低计税价格

29. 下列各项中，属于车辆购置税应税行为的有（　　）。

A. 受赠使用应税车辆

B. 进口使用应税车辆

C. 经销商经销应税车辆

D. 债务人以应税车辆抵债

30. 下列纳税主体中，属于车船税纳税人的有（　　）。

A. 在中国境内拥有并使用船舶的国有企业

B. 在中国境内拥有并使用车辆的外籍个人

C. 在中国境内拥有并使用船舶的内地居民

D. 在中国境内拥有并使用车辆的外国企业

7.1.3　判断题

1. 纳税人占用鱼塘进行非农业建设，应缴纳耕地占用税。（　　）

2. 城市维护建设税是独立税。（　　）

3. 对由于减免增值税、消费税而发生退税的，已征收的城市维护建设税不予退还。（　　）

4. 建设直接为农业生产服务的生产设施占用税法规定的农用地，不征收耕地占用税。（　　）

5. 部队的训练场免征耕地占用税。（　　）

6. 消费税、城市维护建设税以及教育费附加等，应该通过"税金及附加"账户核算。（　　）

7. 疗养院等免征耕地占用税。（　　）

8. 根据船舶吨税法律制度的规定，应税船舶发现多缴税款的，可以自缴纳税款之日起3年内以书面形式要求海关退还，但多缴的税款不能加算银行同期活期存款利息。（　　）

9. 耕地占用税按年缴纳。（　　）

10. 耕地占用税以每亩为计量单位。（　　）

11. 吨税按照船舶净吨位和吨税执照期限征收，应税船舶负责人在每次申报纳税时，可以按照《吨税税目税率表》选择申领一种期限的吨税执照。（　　）

12. 畜禽养殖设施占用耕地应该照章征收耕地占用税。（　　）

13. 耕地占用税税额标准实行地区差别定额税额。（　　）

14. 党校建设占用耕地应免征耕地占用税。（　　）

15. 车辆购置税和契税是卖方缴税。（　　）

16. 车辆购置税以列举的车辆作为征税对象，未列举的车辆不纳税。（　　）

17. 医院内职工住房占用耕地的，免征耕地占用税。（　　）

18. 人均耕地超过1亩但不超过2亩的地区，耕地占用税的税额为每平方米8元至40元。（　　）

19. 不能提供购车发票和有关购车证明资料的，检查地税务机关应按同类型应税车辆的最低计税价格征税。（　　）

20. 纳税人改变用途，不再属于免税或减税情形的，应按办理减免税时依据的适用税额对纳税人补征耕地占用税。（　　）

21. 烟叶税的计税依据是纳税人收购烟叶的收购价款。（　　）

22. 烟叶税的征税范围包括晾晒烟叶、烤烟叶

和烟丝。（ ）

23. 只有同时缴纳了增值税、消费税、营业税的纳税人才需缴纳城市维护建设税。（ ）

24. 出口货物退还增值税的同时，应退还城市维护建设税和教育费附加。（ ）

25. 城市维护建设税的计税依据应当按照规定扣除期末留抵退税退还的增值税税额。（ ）

26. 免征或者减征耕地占用税后，纳税人改变原占地用途，不再属于免征或者减征耕地占用税情形的，应当按照当地适用税额补缴耕地占用税。（ ）

27. 车船税采用比例税率。（ ）

28. 外商投资企业，外国企业，华侨和香港、澳门、台湾同胞投资兴办的企业以及外籍人员和港澳台同胞等使用的车船不需要缴纳车船税，所以其不是车船税的纳税人。（ ）

29. 从事机动车交通事故责任强制保险业务的保险机构为机动车车船税扣缴义务人。（ ）

30. 已缴纳车船税的车船在同一纳税年度办理转让过户的，不另纳税，也不退税。（ ）

7.1.4　思考题

1. 什么是城市维护建设税？
2. 怎样确定城市维护建设税的征税对象？
3. 怎样选择城市维护建设税的适用税率？
4. 城市维护建设税的税收优惠政策有哪些？
5. 什么是城市维护建设税的计税依据？
6. 什么是车辆购置税？
7. 车辆购置税的税收优惠政策有哪些？
8. 车辆购置税的计税依据存在几种情况，分别是什么？
9. 购买自用应税车辆应纳税额的计算有哪些规定？
10. 什么是耕地占用税？
11. 耕地占用税的纳税申报有哪些规定？
12. 简述船舶吨税的概念。
13. 船舶吨税设置的税率是多少？
14. 什么是烟叶税？
15. 烟叶税实行哪种税率，税率是多少？

任务 7.2　实训内容

7.2.1　实训一

实训资料：

某卷烟厂为增值税一般纳税人，主要生产卷烟和雪茄烟，卷烟的最高销售价格为 210 元／标准条，平均销售价格为 200 元／标准条（均为不含税价格），2021年3月生产经营情况如下。

（1）进口一批烟丝，支付价款28万元，运抵我国境内输入地点起卸前发生的运费、保险费合计2万元，关税税率40%，取得海关填发的税款专用缴款书。将货物从海关监管区运至本厂仓库支付运输费用并取得增值税专用发票，运费0.64万元。进口一辆中轻型商用客车用于职工福利及接待客户，支付价款折合人民币20万元，境外运输费用和保险费无法确定，经海关查实，该货物进口同期的正常运输成本为1万元，中轻型商用客车的关税税率为25%、消费税税率为5%，缴纳进口环节税金后海关放行，未取得海关进口增值税专用缴款书。

（2）向烟叶生产者收购烟叶，收购价款80万元，支付价外补贴9万元并缴纳了烟叶税，取得了符合规定的凭证；卷烟厂直接将其运往甲烟丝生产企业加工烟丝，当月收回烟丝，取得增值税专用发票，注明加工费10万元、增值税税额1.3万元，甲烟丝生产企业没有同类烟丝的销售价格。

（3）从A生产企业购进已税烟丝，取得增值税专用发票，注明销售额2 000万元、增值税税额260万元；从B商贸企业购进烟丝，取得普通发票，注明价款212万元，当月全部领用继续加工卷烟；购进其他材料，取得增值税专用发票，注明销售额140万元、增值税税额18.2万元，支付铁路运输运费，取得增值税专用发票，运费8万元；从某供销社购进劳保用品，取得增值税专用发票注明价款1 000万元、增值税税额130万元。

（4）本月生产领用外购和进口的已税烟丝生产卷烟，共生产卷烟2 200标准箱。向乙卷烟批发企业销售卷烟400标准箱，取得不含税销售额2 000万元，由于货款收回及时，该卷烟厂给予乙卷烟批发企业2%的销售折扣，实际取得收入1 960万元，支付销货运输运费，取得增值税专用发票，运费40万元。销售给丙批发商卷烟500标准箱，取得不含税销售额2 500万元，并取得丙批发商延期付款利息收入3.39万元，已向对方开具了普通发票。销售雪茄烟取得不含税销售额600万元，包装费7.91万元，开具普通发票。雪茄烟消费税税率为36%。

（5）用6标准箱卷烟向某卷烟批发商换取一批生产资料，合同规定卷烟按平均价计价，批发商提供的生产资料价款30万元、增值税3.9万元，双方均按合同规定的价格开具了增值税专用发票。

（6）将50标准条卷烟做样品，分给各经销单位；将1标准箱卷烟分给职工做福利。

（7）假定本月初库存外购烟丝买价20万元，本月末库存外购和进口烟丝买价35万元。

其他相关资料：本月取得的合规发票均在本月抵扣。

实训要求：

根据上述资料，回答下列问题。

（1）卷烟厂进口一辆中轻型商用客车应缴纳车辆购置税（　　）万元。

A. 2.11　　　　　　B. 2.5

C. 2.63　　　　　　D. 2.77

（2）卷烟厂从烟叶生产者手中收购烟叶准予抵扣进项税额（　　）万元。

A. 10.66　　　　　B. 9.59

C. 10.68　　　　　D. 8.9

（3）甲烟丝生产企业应代收代缴消费税（　　）万元。

A. 45.02　　　　　B. 45.47

C. 45.48　　　　　D. 45.4

（4）卷烟厂当月增值税销项税额合计（　　）万元。

A. 665.08　　　　B. 668.98

C. 667.68　　　　D. 668.07

（5）卷烟厂应向主管税务机关缴纳消费税（　　）万元。

A. 1 435.09　　　B. 1 595.09

C. 2 161.31　　　D. 2 208.59

（6）用进口或外购已税烟丝生产卷烟，对烟丝已纳消费税税务处理正确的有（　　）。

A. 进口烟丝已纳消费税准予从应纳消费税税额中扣除

B. 用外购已税烟丝生产卷烟，烟丝在移送使用环节应缴纳消费税

C. 从 A 生产企业购进已税烟丝的消费税准予从应纳消费税税额中扣除

D. 从 B 商贸企业购进已税烟丝的消费税不能从应纳消费税税额中扣除

7.2.2 实训二

实训资料：

某城市税务分局对辖区内一家内资企业进行税务检查时，发现该企业故意少缴增值税 58 万元，遂按相关执法程序对该企业做出补缴增值税、城市维护建设税和教育费附加并加收滞纳金（滞纳时间 50 天）和罚款（与税款等额）的处罚决定。该企业于当日接受了税务机关的处罚，补缴了增值税、城市维护建设税及教育费附加及罚款。

实训要求：

根据上述材料回答以下问题。

(1) 该企业应补缴的增值税、城市维护建设税及教育费附加是（　　）元。

A. 63.8　　　　B. 62.06
C. 69.6　　　　D. 67.82

(2) 该企业应加收的滞纳金是（　　）元。

A. 1.55　　　　B. 1.60
C. 1.74　　　　D. 1.7

(3) 该企业应缴纳的罚款是（　　）元。

A. 59.74　　　　B. 59.6
C. 58.0　　　　D. 63.8

(4) 该企业一共需补缴的增值税、城市维护建设税和教育费附加及罚款、滞纳金是（　　）元。

A. 123.4　　　　B. 123.26
C. 117.6　　　　D. 129.2

7.2.3 实训三

实训资料：

某公司有机动客车 5 辆，净吨位 20 吨的机动载货汽车 3 辆，机动三轮摩托车 1 辆。计算该公司应缴纳的车船利用税税额。

（注：该公司所在地的人民政府规定，客车每辆年税额 90 元，货车每吨年税额 50 元，三轮摩托车年税额 35 元。）

实训要求：

根据以上材料，计算该公司年应纳税额。

项目 8　企业所得税

实训目的

通过实训学习，使学生了解企业所得税的含义，以及纳税义务人；掌握企业所得税的征税范围，以及企业所得税的计算方法。

实训要求

◎ 掌握企业所得税应纳税额的计算方法。
◎ 掌握企业所得税的税收优惠政策。
◎ 掌握企业所得税的会计核算方法。

实训准备

◎ 《中华人民共和国企业所得税法》。
◎ 配备蓝（黑）笔、计算器。

任务 8.1 理论测试

8.1.1 单选题

1. 根据《中华人民共和国企业所得税法》的规定,对于企业在年度中间终止经营活动的所得税处理,下列说法中错误的是( )。

A. 企业在一个纳税年度终止经营活动,使该纳税年度实际经营期不足 12 个月的,应当以其实际经营期为一个纳税年度

B. 企业在年度中间终止经营活动的,应当自实际经营终止之日起 15 日内,向税务机关办理当期企业所得税汇算清缴

C. 企业应当在办理注销登记前,就其清算所得向税务机关申报并依法缴纳企业所得税

D. 企业依法清算时,应当以清算期间作为一个纳税年度

2. 根据《中华人民共和国企业所得税法》的规定,下列有关企业所得税优惠过渡政策的说法错误的是( )。

A.《中华人民共和国企业所得税法》公布前已经批准设立的企业,依照当时的税收法律、行政法规规定,享受低税率优惠的,按照国务院规定,可以在本法施行后三年内,逐步过渡到本法规定的税率

B. 享受定期减免税优惠的,按照国务院规定,可以在本法施行后继续享受到期满为止,但因未获利而尚未享受优惠的,优惠期限自 2008 年起计算

C. 法律设置的发展对外经济合作和技术交流特定地区内,以及国务院已规定执行上述地区特殊政策的地区内新设立的国家需要重点扶持的高新技术企业,可以享受过渡性税收优惠

D. 国家已确定的其他鼓励类企业,可以按照国务院规定享受减免税优惠

3. 中华人民共和国政府同外国政府订立的有关税收协定与《中华人民共和国企业所得税法》有不同规定的,依照( )的规定办理。

A. 协定

B.《中华人民共和国企业所得税法》

C.《中华人民共和国税收征收管理法》

D.《中华人民共和国宪法》

4. 居民企业在中国境内设立不具有法人资格的营业机构,应当( )计算并缴纳企业所得税。

A. 分别　　　B. 汇总

C. 独立　　　D. 就地缴纳

5. 企业与其关联方共同开发、受让无形资产,或者共同提供、接受劳务发生的成本,在计算应纳税所得额时应当按照( )进行分摊。

A. 独立交易原则　　B. 公平交易原则

C. 方便管理原则　　D. 节约成本原则

6. 企业应当自月份或者季度终了之日起( )日内,向税务机关报送预缴纳税申报表。

A. 7　　　　　　B. 10

C. 15　　　　　D. 30

7. 依据企业所得税法律制度的规定,计算应纳税所得额时可以扣除的项目有( )。

A. 向投资者支付的股息

B. 企业预缴的企业所得税

C. 企业转让资产的净值

D. 对外投资期间的投资成本

8. 在下列各项中,不属于企业所得税纳税人的企业是( )。

A. 在中国境内成立的合伙企业

B. 在中国境内成立的外商合资企业

C. 在外国成立,但实际管理机构在中国境内的企业

D. 在外国成立,在中国境内无机构、无场

所，但有来源于中国境内所得的企业

9. 下列各项中，企业所得税的应纳税所得额计算公式正确的是（　　）。

A. 应纳税所得额＝营业收入－不征税收入－免税收入－各项扣除－允许弥补的以前年度亏损

B. 应纳税所得额＝营业收入－免税收入－各项扣除－允许弥补的以前年度亏损

C. 应纳税所得额＝收入总额－不征税收入－免税收入－各项扣除－允许弥补的以前年度亏损

D. 应纳税所得额＝收入总额－免税收入－各项扣除－允许弥补的以前年度亏损

10. 依据企业所得税法律制度的规定，计算应纳税所得额时可以扣除的项目有（　　）。

A. 向投资者支付的股息

B. 税务机关的罚款

C. 合同违约金

D. 对外投资期间的投资成本

11. 根据国民经济和社会发展的需要，或者由于突发事件等原因对企业经营活动产生重大影响的，（　　）可以制定企业所得税专项优惠政策，报（　　）备案。

A. 省级人民政府，省级人大常委会

B. 国家税务总局，国务院

C. 财政部，国务院

D. 国务院，全国人大常委会

12. 根据《中华人民共和国企业所得税法》的规定，来源于中国境内、境外的所得，按照法定原则确定，下列表述不正确的有（　　）。

A. 权益性投资资产转让所得按照投资企业所在地确定

B. 股息、红利等权益性投资所得，按照分配所得的企业所在地确定

C. 利息所得、租金所得、特许权使用费所得，按照负担、支付所得的企业或者机构、场所在地确定，或者按照负担、支付所得的个人住所地确定

D. 其他所得，由国务院财政、税务主管部门确定

13. 依据企业所得税法律制度的规定，发生下列情形，导致应收账款无法收回的部分，可以作为坏账损失在所得税前扣除的是（　　）。

A. 债务人死亡，遗产继承人拒绝偿还的

B. 债务人解散，清算程序拖延达3年的

C. 与债务人达成债务重组协议，无法追偿的

D. 债务人4年未清偿，追偿成本超过应收账款的

14. 依据《中华人民共和国企业所得税法》的规定，下列各项中按负担所得所在地确定所得来源地的是（　　）。

A. 销售货物所得

B. 权益性投资所得

C. 动产转让所得

D. 特许权使用费所得

15. 下列企业在境内发生处置资产的情形中，应视同销售确认企业所得税应税收入的是（　　）。

A. 将资产用于职工奖励或福利

B. 将资产用于加工另一种产品

C. 将资产用于在总分支机构之间转移

D. 将资产用于结构或性能改变

16. 依据《中华人民共和国企业所得税法》的相关规定，下列关于销售货物收入确认时间的说法错误的是（　　）。

A. 销售商品采取托收承付方式的，在办妥托收手续时确认收入

B. 销售商品采取预收货款方式的，在收到预收货款时确认收入

C. 销售商品需要简单安装和检验的，可以在发出商品时确认收入

D. 销售商品采取支付手续费方式委托代销的，在收到代销清单时确认收入

17. 根据企业所得税法律制度的规定，下列各项中，不属于企业所得税纳税义务人的是（　　）。

A. 国有企业　　　　B. 股份有限公司

C. 个人独资企业　　D. 外商投资企业

18. 根据《中华人民共和国企业所得税法》的规定，下列有关确定所得来源地的表述中，不正确的是（　　）。

A. 权益性投资资产转让所得按照投资企业所在地确定

B. 提供劳务所得，按照劳务发生地确定

C. 股息、红利等权益性投资所得，按照分配所得的企业所在地确定

D. 不动产转让所得按照不动产所在地确定

19. 某经认定的技术先进型服务企业2021年实际发生合理的工资、薪金支出1 100万元，"三费"支出合计230万元，分别为职工福利费160万元、职工教育经费40万元、工会经费30万元。2021年，该企业计算企业所得税应纳税所得额时，准予扣除的"三费"为（　　）万元。

　　A. 200　　　　B. 205
　　C. 216　　　　D. 270

20. 下列各项中，不得在企业所得税前扣除的是（　　）。

A. 企业职工因公出差乘坐交通工具发生的人身意外保险费支出

B. 企业通过市政府捐赠用于应对新冠肺炎疫情的现金

C. 企业直接向承担新冠肺炎疫情防治任务的医院捐赠用于应对新冠肺炎疫情的物品

D. 企业直接向承担新冠肺炎疫情防治任务的医院捐赠用于应对新冠肺炎疫情的现金

21. 受新新冠肺炎疫情影响较大的困难行业企业2020年度发生的亏损，最长结转年限由5年延长至（　　）年。

　　A. 8　　　　　B. 10
　　C. 15　　　　D. 20

22. 根据《中华人民共和国企业所得税法》的规定，下列资产中，在计算应纳税所得额时准予计提折旧或摊销费用在税前扣除的是（　　）。

A. 未投入使用的机器设备

B. 单独估价作为固定资产入账的土地

C. 自创商誉

D. 未投入使用的建筑物

23. 县级以上人民政府将国有非货币性资产无偿划入企业，凡指定专门用途，且企业已按政策规定进行专项用途管理的，应（　　）。

A. 作为国家资本金处理

B. 按照公允价值计算不征税收入

C. 按照政府确定的接收价值计算不征税收入

D. 按照公允价值计算应税收入

24. 下列各项中，关于企业所得税所得来源地确定的表述不正确的是（　　）。

A. 销售货物所得，按照交易活动发生地确定

B. 动产转让所得，按照动产所在地确定

C. 权益性投资资产转让所得，按照被投资企业所在地确定

D. 股息、红利等权益性投资所得，按照分配所得的企业所在地确定

25. 下列企业为企业所得税法所称"居民企业"的是（　　）。

A. 依照中国香港地区法律成立但实际管理机构在中国内地的企业

B. 依照中国香港地区法律成立且实际管理机构在中国香港地区的企业

C. 依照美国法律成立且实际管理机构不在中国境内，但在中国境内设立机构、场所的企业

D. 依照美国法律成立且实际管理机构不在中国境内，在中国境内未设立机构、场所，但有来源于中国境内所得的企业

26. 下列关于《中华人民共和国企业所得税法》中收入确认时间的说法，不正确的是（　　）。

A. 特许权使用费收入，按照合同约定的特许权使用人应付特许权使用费的日期确认收入

B. 接受捐赠收入按实际收到捐赠资产的日期确认收入

C. 转让股权收入应于转让协议生效且完成股权变更手续时确认收入

D. 利息收入按实际收到债务人应付利息的日期确认收入

27. 被投资企业将股权溢价形成的资本公积转为股本时，企业所得税的处理方法正确的是（　　）。

A. 作为投资方企业的股息、红利收入，投资方企业增加该项长期投资的计税基础

B. 不作为投资方企业的股息、红利收入，投资方企业增加该项长期投资的计税基础

C. 作为投资方企业的股息、红利收入，投资方企业不得增加该项长期投资的计税基础

D. 不作为投资方企业的股息、红利收入，投资方企业也不得增加该项长期投资的计税基础

28. A公司持有B公司40%的股权，投资成本

为 40 万元。目前，A 公司将该股权转让，取得股权转让收入 66 万元。已知截止到转让日 B 公司累计未分配利润和累计盈余公积为 15 万元，则甲转让该股权的所得为（　　）万元。

A. 11　　　　B. 20
C. 26　　　　D. 66

29. A 公司转让其持有的 B 上市公司的限售股，取得收入 200 万元，但不能准确计算其原值，则此项业务的企业所得税应税所得额为（　　）万元。

A. 0　　　　B. 200
C. 170　　　D. 150

30. 甲公司在筹建期间发生广告费 20 万元，业务招待费 40 万元，则计入筹办费的金额为（　　）万元。

A. 20　　　　B. 40
C. 44　　　　D. 60

8.1.2　多选题

1. 根据企业所得税法律制度的规定，下列所得中，属于企业所得税征税对象的有（　　）。

A. 在中国境内设立机构、场所的非居民企业，其机构、场所来源于中国境内的所得
B. 居民企业来源于中国境外的所得
C. 在中国境内未设立机构、场所的非居民企业，其机构、场所来源于中国境外的所得
D. 居民企业来源于中国境内的所得

2. 依据《中华人民共和国企业所得税法》的规定，因财务会计制度与税收法规的规定不同而产生的差异，在计算企业所得税应纳税所得额时应按照税收法规的规定进行调整。下列各项中，属于暂时性差异的是（　　）。

A. 业务招待费用产生的差异
B. 职工福利费用产生的差异
C. 广告费和业务宣传费产生的差异
D. 职工教育经费产生的差异

3. 根据企业所得税法律制度的规定，下列各项中，属于企业取得收入的货币形式有（　　）。

A. 应收票据　　B. 应收账款
C. 股权投资　　D. 银行存款

4. 企业取得的下列收入中，属于企业所得税免税收入的有（　　）。

A. 金融债券的利息收入
B. 国债转让收入
C. 从境内取得的权益性投资收益
D. 持有上市公司流通股票 1 年以上取得的投资收益

5. 下列各项中，关于企业所得税纳税人的征税对象，说法正确的有（　　）。

A. 居民企业应就来源于中国境内、境外的所得作为征税对象
B. 非居民企业应仅就来源于境内的所得为征税对象
C. 非居民企业在中国境内设立机构、场所的，应当就其所设机构、场所有实际联系的境内、境外所得作为征税对象
D. 非居民企业在中国境内未设立机构、场所的，应当就其来源于中国境内的所得作为征税对象

6. 下列各项中，关于企业所得税所得来源地确定的说法符合税法规定的有（　　）。

A. 销售货物所得，按照交易活动发生地确定
B. 不动产转让所得按不动产所在地确定
C. 动产转让所得按被转让方机构、场所所在地确定
D. 利息所得按取得所得的企业或者机构、场所所在地确定

7. ABC 公司注册地与实际管理机构所在地均在英国，在中国设立了分支机构 BCD。其取得的下列各项所得中，应在我国缴纳企业所得税的有（　　）。

A. ABC 公司转让一台加工设备给中国某公司设在英国的分公司
B. ABC 公司转让位于我国的一处写字楼所得

C. ABC 公司投资日本公司取得股息红利所得

D. BCD 公司为法国某公司提供设计服务取得的设计费

8. 下列企业适用 15% 所得税税率的有（　　）。

A. 国家重点扶持的高新技术企业

B. 符合条件的小型微利企业

C. 在中国境内未设立机构、场所的非居民企业

D. 经认定的技术先进型服务企业

9. 下列各项中，关于企业所得税收入确认规则的说法中，正确的有（　　）。

A. 采取分期收款方式销售货物的，按照合同约定的收款日期确认收入

B. 采取产品分成方式取得收入的，其收入额按照产品的公允价值确定

C. 采用支付手续费方式委托代销的，在收到全部货款时确认收入

D. 软件费应根据合同约定的收款日期确认收入

10. 下列各项中，属于企业所得税视同销售情形的有（　　）。

A. 将货物从总机构移送境内分机构用于销售

B. 将自产门窗用于本单位办公楼装修

C. 将自行开发的房地产项目用于投资

D. 将外购的车辆用于赠送客户

11. 下列各类税金中，可以在企业所得税应纳税所得额计算时扣除的有（　　）。

A. 已缴纳的增值税

B. 按季度已预缴的企业所得税

C. 签订销售合同缴纳的印花税

D. 已缴纳的消费税

12. 下列各项中，在计算企业所得税应纳税所得额时不得扣除的有（　　）。

A. 企业之间支付的管理费

B. 企业内营业机构之间支付的租金

C. 企业向投资者支付的股息

D. 银行企业内营业机构之间支付的利息

13. 下列债权可以作为坏账损失，在计算应纳税所得额时扣除的情形包括（　　）。

A. 债务人依法宣告破产、关闭、解散、被撤销，或者被依法注销、吊销营业执照，其清算财产不足清偿的

B. 债务人逾期 2 年以上未清偿，且有确凿证据证明已无力清偿债务的

C. 因自然灾害、战争等不可抗力导致无法收回的

D. 债务人死亡，或者依法被宣告失踪、死亡，其财产或者遗产不足清偿的

14. 以下选项中，自取得项目第一笔生产经营收入年度起，享受企业所得税"三免三减半"优惠政策的有（　　）。

A. 从事符合条件的环境保护、节能节水项目所得

B. 综合利用资源取得的所得

C. 从事国家重点扶持的公共基础设施项目投资经营所得

D. 企业承包建设符合条件的公共基础项目投资经营所得

15. 下列各项中，属于企业所得税不征税收入的有（　　）。

A. 企业根据法律、行政法规等有关规定，代政府收取的具有专项用途的财政资金

B. 符合条件的非营利组织的收入

C. 企业取得的，经国务院批准的财政、税务主管部门规定专项用途的财政性资金

D. 国债利息收入

16. 根据企业所得税法律制度的规定，下列各项支出中，在计算企业所得税应纳所得额时不得扣除的有（　　）。

A. 向投资者支付的红利

B. 企业内部营业机构之间支付的租金

C. 税收滞纳金

D. 未经核定的准备金支出

17. 根据企业所得税法律制度的规定，下列属于企业所得税纳税人的是（　　）。

A. 私营企业

B. 中外合资经营企业

C. 个人独资公司

D. 合伙企业

18. 下列收入为企业收入总额中不征税收入的是（　　）。

A. 财政拨款

B. 依法收取并纳入财政管理的行政事业性收费、政府性基金

C. 国务院规定的其他不征税收入

D. 股息、红利等权益性投资收益

19. 在计算应纳税所得额时，下列支出不得扣除的是（　　）。

A. 企业所得税税款

B. 税收滞纳金

C. 罚金、罚款和被没收财物的损失

D. 超过规定标准的捐赠支出

20. 根据企业所得税法律制度的规定，下列各项中，在计算企业所得税应纳税所得额时，不得扣除的有（　　）。

A. 诉讼费用　　B. 罚金

C. 税收滞纳金　D. 罚款

21. 按照企业所得税法律制度的规定，企业（　　），可以在计算应纳税所得额时加计扣除。

A. 开发新技术、新产品、新工艺发生的研究开发费用

B. 安置残疾人员及国家鼓励安置的其他就业人员所支付的工资

C. 环境保护发生的费用

D. 节能节水发生的费用

22. 根据企业所得税法律制度的规定，下列各项中，在计算应纳税所得额时准予在税前扣除有（　　）。

A. 允许抵扣的增值税

B. 土地增值税

C. 印花税

D. 消费税

23. 企业使用或者销售存货的成本计算方法，可以在（　　）中选用一种。计价方法一经选用，不得随意变更。

A. 先进先出法　B. 后进先出法

C. 加权平均法　D. 个别计价法

24. 依据企业所得税法律制度的规定，固定资产大修理支出需要同时符合的条件有（　　）。

A. 修理后固定资产被用于新的或不同的用途

B. 修理后固定资产的使用年限延长 2 年以上

C. 修理后固定资产的使用年限延长 1 年以上

D. 修理支出达到取得固定资产时计税基础的 50% 以上

25. 根据《中华人民共和国企业所得税法》及其实施条例的规定，下列不是企业所得税纳税人的有（　　）。

A. 管理机构、营业机构、办事机构

B. 工厂、农场、开采自然资源的场所

C. 提供劳务的场所

D. 从事建筑、安装、装配、修理、勘探等工程作业的场所

26. 根据企业所得税法律制度的规定，企业分为（　　）。

A. 本国企业　　B. 外国企业

C. 居民企业　　D. 非居民企业

27. 《中华人民共和国企业所得税法》及其实施条例中规定，企业取得收入的非货币形式，包括无形资产、（　　）、不准备持有至到期的债券投资以及有关权益等。

A. 债务的豁免　B. 存货

C. 劳务　　　　D. 股权投资

28. 《中华人民共和国企业所得税法》规定的企业所得税税率有（　　）。

A. 25%　　　　B. 18%

C. 20%　　　　D. 33%

29. 企业实际发生的与取得收入有关的、合理的支出，包括（　　），准予在计算应纳税所得额时扣除。

A. 成本　　　　B. 费用

C. 税金　　　　D. 损失

30. 在计算应纳税所得额时企业发生的符合条件的（　　）支出，除国务院财政、税务主管部门另有规定外，不超过当年销售（营业）收入15%的部分，准予扣除；超过部分，准予在以后纳税年度结转扣除。

A. 业务宣传费　B. 业务招待费

C. 广告费　　　D. 公益性捐赠

8.1.3 判断题

1. 企业所得税是对我国境内企业和其他取得收入组织的生产经营所得和其他所得征收的一种税。（ ）
2. 在中华人民共和国境内，所有企业都是企业所得税的纳税人。（ ）
3. 我国确定居民企业采取"登记注册地标准"和"实际管理控制地标准"相结合的管理办法。（ ）
4. 个人独资企业也要缴纳企业所得税。（ ）
5. 企业因售出商品质量、品种不符合要求等原因发生的退货属于销售退回。（ ）
6. 企业发生的与其生产、经营业务有关的业务招待费支出，按照发生额的60%扣除，但最高不得超过当年销售（营业）收入的5‰。（ ）
7. 企业拨缴的工会经费，不超过工资薪金总额2%的部分，准予扣除。（ ）
8. 非居民企业的法定税率一律是20%。（ ）
9. 未投入使用的房屋、建筑物不得计算折旧扣除。（ ）
10. 企业实际发生的与取得收入有关的、合理的支出，包括成本、费用、税金、损失和其他支出，准予在计算应纳税所得额时扣除。（ ）
11. 企业发生的公益性捐赠支出，在年度应纳税所得额12%以内的部分，准予在计算应纳税所得额时扣除。（ ）
12. 各种准备金支出一律不得在企业所得税前扣除。（ ）
13. 非居民企业在中国境内设立机构、场所的，应当就其所设机构、场所取得的来源于中国境内的所得，以及发生在中国境外但与其所设机构、场所没有实际联系的所得，缴纳企业所得税。（ ）
14. 企业每一纳税年度的收入总额，减除各项扣除和允许弥补的以前年度亏损后的余额，为应纳税所得额。（ ）
15. 自2019年1月1日至2025年12月31日，企业通过公益性社会组织用于目标脱贫地区的扶贫捐赠支出，准予在计算企业所得税应纳税所得额时据实扣除。（ ）
16. 盘盈的固定资产，以同类固定资产的重置完全价值为计税基础。（ ）
17. 企业当期发生的固定资产和流动资产盘亏、毁损净损失，由其提供清查盘存资料，经主管税务机关审核后准予扣除。（ ）
18. 在中国境内未设立机构、场所的非居民企业，其取得来源于中国境内的所得，可以免征、减征企业所得税。（ ）
19. 在中国境内设立机构、场所的非居民企业，从非居民企业取得与该机构、场所有实际联系的股息、红利等权益性投资收益为免税收入。（ ）
20. 国家需要重点扶持的高新技术企业，减按15%的税率征收企业所得税。（ ）
21. 企业综合利用资源，生产符合国家产业政策规定产品所取得的收入，可以在计算应纳税所得额时减计收入。（ ）
22. 我国现行企业所得税基本税率设定为25%，相对世界各国而言还是偏低的。（ ）
23. 纳税人应当在月份终了或季度终了后15日内，向其所在地主管税务机关报送预缴所得税申报表，预缴税款。（ ）
24. 企业按照税法规定抵免企业所得税税额时，应当提供中国境外税务机关出具的税款所属年度的有关纳税凭证。（ ）
25. 《中华人民共和国企业所得税法》规定国债利息收入免征企业所得税。（ ）
26. 企业取得的所得税返还（退税）和出口退税的增值税进项属于不征税收入项目。（ ）
27. 按照《中华人民共和国企业所得税法》的规定，在计算应纳税所得额时扣除的费用是指企业在生产经营活动中发生的销售费用、管理费用、财务费用和已经计入成本的有关费用。（ ）
28. 企业销售货物涉及现金折扣的，应当按照扣除后的金额确定销售货物收入金额。（ ）
29. 企业发生的职工福利费支出，不超过工资薪金总额14%的部分，准予扣除。（ ）
30. 企业发生的赞助支出准予扣除。（ ）

8.1.4 思考题

1. 什么是企业所得税？
2. 企业所得税的特点是什么？
3. 企业所得税的纳税义务人指什么？
4. 居民企业与非居民企业的区别是什么？
5. 企业所得税应纳税所得额收入总额的具体构成有哪些？
6. 企业所得税的准予扣除项目有什么？
7. 企业所得税的广告费和业务宣传费不能超过多少税率准予扣除？
8. 企业所得税计算应纳税所得额时，不得扣除的项目有哪些？
9. 企业所得税应纳税所得额的其他规定有哪些？
10. 应付税款法是什么？
11. 递延所得税在会计科目上分为哪两种？
12. 企业所得税的纳税期限是什么？
13. 居民企业与非居民企业所得税纳税地点的区别是什么？
14. 造成计税基础与账面价值不同的资产项目常见的有哪些？
15. 企业所得税中的职工福利费、工会经费、职工教育经费分别不超过工资薪金总额的多少？

任务 8.2　实训内容

8.2.1　实训一

实训资料：

某家电生产企业为增值税一般纳税人，2021年度经税务机关确认的亏损为60万元，2022年发生的相关业务如下。

（1）销售产品取得不含税销售额6 000万元，债券利息收入150万元，其中国债利息收入40万元；销售成本3 100万元，缴纳增值税600万元，城市维护建设税和教育费附加60万元。

（2）发生销售费用1 200万元，其中广告费和业务宣传费为1 000万元。

（3）发生财务费用200万元，其中支付向企业借款2 000万元一年的利息150万元，同期银行贷款利率为6%。

（4）发生管理费用800万元，其中用于新产品、新工艺研制实际支出的研发费用200万元。

（5）购置节能节水设备，价款500万元。

实训要求：

（1）计算免税收入金额；

（2）计算允许税前扣除的费用；

（3）计算加计扣除费用的金额；

（4）计算应纳税所得额；

（5）计算抵免税额；

（6）计算实际应缴纳的税款。

8.2.2 实训二

实训资料：

某企业 2022 年取得收入总额为 3 000 万元，取得租金收入为 50 万元；销售成本、销售费用、管理费用共计 2 800 万元；"营业外支出"中列支 35 万元，其中通过希望工程基金委员会向某灾区捐款 10 万元，直接向某困难地区捐赠 5 万元，非广告性赞助 20 万元。

实训要求：

该企业 2022 年应缴纳多少企业所得税。

8.2.3 实训三

实训资料：

某县一家机械制造企业，2022 年实现税前收入总额 2 000 万元（其中，产品销售收入 1 800 万元、购买国库券利息收入 100 万元），发生各项成本费用共计 1 000 万元，包括合理的工资薪金总额 200 万元、业务招待费 100 万元、职工福利费 50 万元、职工教育经费 2 万元、工会经费 10 万元、税收滞纳金 10 万元、提取的各项准备金支出 100 万元。另外，企业当年购置环境保护专用设备 500 万元，购置完毕即投入使用。

实训要求：

这家企业 2022 年应缴纳的企业所得税额是多少？（假定企业以前年度无未弥补亏损）

项目 9　个人所得税

实训目的

通过实训学习，使学生掌握个人所得税的特点、含义以及纳税义务人，了解个人所得税的征税范围，了解个人所得税的税率，掌握个人所得税的计算。

实训要求

◎ 掌握个人所得税的税收优惠政策。
◎ 掌握个人所得税的征税范围。
◎ 掌握个人所得税的计算方法。

实训准备

◎ 《中华人民共和国个人所得税法》。
◎ 配备蓝（黑）笔、计算器。

任务 9.1　理论测试

9.1.1　单选题

1. 我国对自然人居民和非居民纳税人的划分标准是（　　）。
   A. 时间标准　　　B. 住所和时间标准
   C. 住所标准　　　D. 国籍标准

2. 个人所得税税制改革后，在综合与分类税制下，综合所得范围不包括（　　）。
   A. 劳务报酬所得
   B. 工资、薪金所得
   C. 财产租赁所得
   D. 特许权使用费所得

3. 下列各项所得不属于个人所得税免征范围的是（　　）。
   A. 国债和国家发行的金融债券利息
   B. 保险赔款
   C. 绩效考核奖
   D. 福利费、抚恤金、救济金

4. 居民个人取得工资、薪金所得，由扣缴义务人按照（　　）扣缴税款。
   A. 按次预扣法　　B. 核定征收法
   C. 累计预扣法　　D. 平均预缴法

5. 刘某于2021年6月从公司退休，他在2020年进行综合所得年度汇算清缴时，可扣除的基本减除费用为（　　）元。
   A. 50 000　　　　B. 5 000
   C. 60 000　　　　D. 30 000

6. 居民个人取得综合所得，办理个人所得税汇算清缴的期限是（　　）。
   A. 次年3月1日至6月30日
   B. 次年1月1日至6月30日
   C. 次年1月1日至3月31日
   D. 次年3月1日至5月31日

7. 鲁某是某保险公司的兼职销售人员，其销售保险取得的佣金收入属于（　　）。
   A. 工资、薪金所得　B. 股息红利所得
   C. 劳务报酬所得　　D. 经营所得

8. 根据个人所得税法律制度的规定，下列各项中，属于工资、薪金所得项目的是（　　）。
   A. 劳动分红　　　B. 托儿补助费
   C. 独生子女补贴　D. 误餐补助

9. 个人将其所得捐赠贫困地区，符合条件的，可以按一定比例从应纳税所得额中扣除。该比例是（　　）。
   A. 15%　　　　　B. 12%
   C. 10%　　　　　D. 30%

10. 下列所得中应缴纳个人所得税的是（　　）。
    A. 抚恤金
    B. 保险公司给付的保险赔款
    C. 县政府发放的环保奖金
    D. 退休金

11. 个人购买符合规定的商业健康保险产品的支出，允许在当年（月）计算个人所得税应纳税所得额时予以税前扣除。扣除限额是（　　）。
    A. 3 600元/年（300元/月）
    B. 4 800元/年（400元/月）
    C. 2 400元/年（200元/月）
    D. 1 200元/年（100元/月）

12. 根据个人所得税法律制度的规定，下列各项中，不属于特许权使用费所得的是（　　）。
    A. 提供著作权使用权取得的所得
    B. 提供专利权使用权取得的所得
    C. 提供房屋使用权取得的所得
    D. 提供商标权使用权取得的所得

13. 2021年度，居民个人王某取得工资收入150 000元，取得劳务报酬30 000元，取得稿酬

10 000元；接受职业资格继续教育，且当年取得相关证书，发生支出5 000元。计算王某2021年度综合所得应纳税所得额的下列算式中，正确的是（　　）。

A.150 000＋30 000＋10 000－5000＝185 000（元）

B.150 000＋30 000＋10 000－60 000－5 000＝125 000（元）

C.150 000＋30 000×(1－20%)＋10 000×(1－20%)×70%－60 000－5 000＝114 600（元）

D.150 000＋30 000×(1－20%)＋10 000×(1－20%)×70%－60 000－3 600＝116 000（元）

14. 根据个人所得税法律制度的规定，下列各项中，应征收个人所得税的是（　　）。

A. 托儿补助费
B. 独生子女补贴
C. 离退休人员从原任职单位取得的补贴
D. 差旅费津贴

15. 根据个人所得税法律制度的规定，纳税人取得经营所得，应在取得所得的次年一定日期前办理汇算清缴。该日期为（　　）。

A.5月31日　　B.6月30日
C.3月31日　　D.4月15日

16. 纳税人李某在某年度已享受住房租金专项附加扣除。下列不得在当年同时享受的专项附加扣除是（　　）。

A. 住房贷款利息　　B. 子女教育
C. 大病医疗　　　　D. 继续教育

17. 下列关于计算个人所得税时可扣除的财产原值表述正确的是（　　）。

A. 拍卖通过画廊购买的字画，原值为该字画的市场价值
B. 拍卖通过赠送取得的字画，原值为其受赠该字画时所发生的相关税费
C. 拍卖祖传的字画，原值为该字画的评估价值
D. 拍卖通过拍卖行拍得的字画，原值为该字画的市场价值

18. 以下关于个人对企事业单位承包、承租经营取得所得的说法中，不正确的是（　　）。

A. 个人对企事业单位承包、承租经营后，工商登记改变为个体工商户的，应征收企业所得税，再按"经营所得"缴纳个人所得税

B. 个人对企事业单位承包、承租经营后，工商登记改变为个体工商户的，不再征收企业所得税，仅按"经营所得"缴纳个人所得税

C. 个人对企事业单位承包、承租经营后，工商登记仍为企业的，承包、承租人对企业经营成果不拥有所有权，仅按合同规定取得固定所得的，承包、承租人取得的所得按"工资、薪金所得"缴纳个人所得税

D. 个人对企事业单位承包、承租经营后，工商登记仍为企业的，承包、承租人按合同规定只向发包方、出租方缴纳一定的费用，缴纳承包、承租费后企业的经营成果归承包、承租人所有的，其取得的所得按"经营所得"缴纳个人所得税

19. 某中国公民，2022年在A国提供一项专利技术使用权取得特许权使用费35 000元，在A国已纳税款6 000元；同时，在B国取得稿酬收入15 000元，在B国已纳税款2 000元，则这两项所得在我国应补缴的税款为（　　）元。（该公民2022年未取得除上述所得之外的其他综合所得。）

A.1 400　　B.1 200
C.6 640　　D.0

20. 2022年甲公司取得销售（营业）收入2 000万元，发生与生产经营活动有关的业务招待费支出12万元，已知业务招待费支出按照发生额的60%扣除，但最高不得超过当年销售（营业）收入的5‰，甲公司在计算2022年度企业所得税应纳税所得额时，准予扣除的业务招待费金额是（　　）万元。

A.12　　B.7.2
C.10　　D.4.8

21. 根据个人所得税法律制度的规定，下列所得中，属于免税项目的是（　　）。

A. 提前退休取得的一次性补贴
B. 退休人员从原任职单位取得的补贴
C. 内部退养取得的一次性收入
D. 按国家统一规定发放的退休金

22. 下列项目中，应计入工资、薪金所得范围征收个人所得税的有（　　）。

A. 独生子女补贴

B. 差旅费补贴

C. 家属成员的副食品补贴

D. 双薪工资

23. 在一个纳税年度内，一次离境不超过一定期限，多次离境累计不超过一定期限的，均为临时离境，仍视为全年在华居住而判定为居民纳税义务人。其期限规定分别是（　　）。

A. 15日、45日　　B. 30日、60日

C. 15日、60日　　D. 30日、90日

24. 以下所得，应按"工资、薪金所得"缴纳个人所得税的有（　　）。

A. 公司职员取得用于购买企业国有股权的劳动分红

B. 出租车属个人所有，但挂靠出租车经营单位或企事业单位，驾驶员向挂靠单位缴纳管理费的

C. 律师事务所向其投资者支付的工资

D. 出版社的专业作者撰写、编写或翻译的作品，由本社以图书形式出版取得的稿酬收入

25. 根据个人所得税法律制度的规定，下列应税项目中，只以一个月内取得的收入为一次确定应纳税所得额的是（　　）。

A. 非居民纳税人取得的一次性劳务报酬所得

B. 居民纳税人取得的偶然所得

C. 居民纳税人取得的财产租赁所得

D. 非居民纳税人取得的利息、股息、红利所得

26. 下列表述符合个人所得税规定的是（　　）。

A. 个体工商户从联营企业分回的利润应并入其经营所得一并缴纳个人所得税

B. 合伙企业以每一个合伙人为纳税义务人

C. 合伙企业支付给投资者的分红，可以在个人所得税前据实扣除

D. 个人独资企业的投资者实际发生的生活费用允许在个人所得税前据实扣除

27. 下列项目中不得享受免征个人所得税的是（　　）。

A. 基本养老保险金

B. 失业保险金

C. 住房公积金

D. 企业年金

28. 个人取得的财产转租收入，属于个人所得税征税对象中的（　　）。

A. 偶然所得

B. 财产转让所得

C. 其他所得

D. 财产租赁所得

29. 下列项目中，可以免征个人所得税的是（　　）。

A. 民间借贷利息

B. 个人举报、协查各种违法犯罪行为获得的奖金

C. 在商店获得的中奖收入

D. 本单位自行规定发给的补贴、津贴

30. 股息、利息、红利所得的应纳税所得额是（　　）。

A. 每年收入额　　B. 每季度收入额

C. 每次收入额　　D. 每月收入额

9.1.2　多选题

1. 下列各项中，应按"个体工商户生产、经营所得"项目征税的有（　　）。

A. 个人因从事彩票代销业务取得的所得

B. 私营企业个人投资者以本企业资金为本人购买的汽车

C. 个人独资企业的个人投资者以企业资金为本人购买的住房

D. 出租汽车经营单位对出租车驾驶员采取单车承包或承租方式运营，出租车驾驶员从事客货营运取得的所得

2. 下列各项中，个人所得按"劳务报酬所得"项目缴纳个人所得税的有（　　）。

A. 外部董事的董事费收入

B. 个人兼职收入

C. 教师受聘给企业讲课取得的收入

D. 在校学生参加勤工俭学活动取得的收入

3. 下列各项中，个人收入应按照"特许权使用费所得"项目缴纳个人所得税的有（　　）。

A. 个人取得的特许权经济赔偿收入

B. 作家公开拍卖自己的文字作品手稿复印件收入

C. 作家公开拍卖自己写作时用过的金笔收入

D. 电视剧编剧从任职的电视剧制作中心获得剧本使用费收入

4. 以下应按照"利息、股息、红利"项目征收个人所得税的有（　　）。

A. 个人购买上市公司股票得到的股利分红

B. 合伙企业的个人投资者以企业资金为本人购买住房

C. 股份有限公司的个人投资者以企业资金为本人购买汽车

D. 单位经批准向个人集资支付的集资利息

5. 以下应按照"财产转让所得"项目征收个人所得税的有（　　）。

A. 个人转让债券取得的所得

B. 个人转让住房取得的所得

C. 个人将其收藏的已故作家文字作品手稿拍卖取得的所得

D. 个人将自己的文字作品手稿拍卖取得的所得

6. 下列各项中，个人收入属于纳税人应按"劳务报酬"所得缴纳个人所得税的有（　　）。

A. 张某办理内退手续后，在其他单位重新就业取得的收入

B. 王某由任职单位派遣到外商投资企业担任总经理取得的收入

C. 陈某为供货方介绍业务，从供货方取得的佣金

D. 演员江某在外地演出取得由当地主办方支付的演出费

7. 下列各项中，稿酬所得应合并为一次所得计征个人所得税的有（　　）。

A. 同一作品在报刊上连载，分次取得的稿酬

B. 同一作品再版取得的稿酬

C. 同一作品出版社分三次支付的稿酬

D. 同一作品出版后加印而追加的稿酬

8. 根据个人所得税法律制度的规定，下列个人所得中，不论支付地点是否在境内，均为来源于中国境内所得的有（　　）。

A. 转让境内房产取得的所得

B. 许可专利权在境内使用取得的所得

C. 因任职在境内提供劳务取得的所得

D. 将财产出租给承租人在境内使用取得的所得

9. 根据个人所得税法律制度的规定，下列各项中，按照"财产转让所得"税目缴纳个人所得税的有（　　）。

A. 转让著作权收入

B. 转让股权收入

C. 转让非专利技术收入

D. 转让机器设备收入

10. 根据个人所得税法律制度的规定，下列各项中，应按"工资、薪金所得"项目征收个人所得税的有（　　）。

A. 不在甲公司任职、受雇，只担任甲公司董事的张某，从甲公司取得的董事费收入1万元

B. 在甲公司任职同时兼任监事的王某，从甲公司取得的监事费收入1万元

C. 在乙杂志社任职的记者韩某因在本单位杂志上发表作品取得收入1万元

D. 受雇于乙杂志社的清洁工李某因在本单位杂志上发表作品取得收入1万元

11. 我国个人所得税采用了（　　）税率。

A. 比例　　　　　B. 超额累进

C. 定额　　　　　D. 全额累进

12. 下列项目中，应计入个人工资、薪金所得的有（　　）。

A. 年终加薪　　　B. 一般性奖金

C. 职务工资　　　D. 劳务分红

13. 下列收入中，需要交纳个人所得税的有（　　）。

A. 老秦的人身保险赔款10万元

B. 退役士官老王的转业费15万元

C. 小学生小光的稿费1万元

D. 外籍明星在中国开演唱会的收入200万元

14. 下列各项中，关于个人所得税应纳税额计算说法正确的有（　　）。

A. 退休人员再职取得的收入按"劳务报酬所

得"应税项目缴纳个人所得税

B. 个人兼职取得的收入按"劳务报酬所得"应税项目缴纳个人所得税

C. 个人取得公务交通、通信补贴收入并入"工资、薪金"所得计征个人所得税

D. 对在中国境内无住所的个人一次取得数月奖金或年终加薪可单独作为一个月的"工资、薪金"所得计算纳税

15. 下列各项中，关于个体工商户个人所得税前的扣除规定说法正确的有（　　）。

A. 个人独资企业向其从业人员实际支付的合理工资、薪金支出允许在税前据实扣除

B. 个人独资企业每一纳税年度发生的与其生产经营业务直接相关的业务招待费支出，按照发生额的60%扣除，但最高不得超过当年销售（营业）收入的5‰

C. 个人独资企业拨缴的工会经费、发生的职工福利费、职工教育经费支出分别在工资、薪金总额2%、14%、2.5%的标准内据实扣除

D. 个人独资企业计提的各种准备金可以在税前扣除

16. 下列各项中，关于自行申报纳税的申报地点说法正确的有（　　）。

A. 在中国境内有任职、受雇单位的，向任职、受雇单位所在地主管税务机关申报

B. 在中国境内有两处或者两处以上任职、受雇单位的，选择并固定向其中一处单位所在地主管税务机关申报

C. 在中国境内无任职、受雇单位，年所得项目中无生产、经营所得的，向户籍所在地主管税务机关申报

D. 个体工商户向实际经营所在地主管税务机关申报

17. 下列各项中，个人取得的应纳税所得额包括（　　）。

A. 现金　　　　B. 实物
C. 有价证券　　D. 其他经济利益

18. 单位为个人缴付和个人缴付的"三费一金"是指（　　）。

A. 基本养老保险费

B. 基本医疗保险费

C. 失业保险费

D. 住房公积金

19. 年所得12万元以上的纳税人，在纳税年度终了后，应当填写"个人所得税纳税申报表"（适用于年所得12万元以上的纳税人申报），并在办理纳税申报时报送主管税务机关，同时报送个人有效身份证件复印件，以及其他有关资料。有效身份证件包括（　　）。

A. 纳税人的身份证　B. 护照
C. 回乡证　　　　　D. 军人身份证件

20. 下列各项个人所得中，免纳个人所得税的有（　　）。

A. 省级人民政府、国务院部委和中国人民解放军军以上单位，以及外国组织、国际组织颁发的科学、教育、技术、文化、卫生、体育、环境保护等方面的奖金

B. 国债和国家发行的金融债券利息

C. 按照国家统一规定发放的补贴、津贴

D. 福利费、抚恤金、救济金

21. 下列各项中，关于个人财产转让所得的个人所得税说法正确的有（　　）。

A. 转让债券时，通常采用"移动平均法"确定其应予减除的财产原值和合理费用

B. 转让债权时，允许扣除购买和处置债权时缴纳的税金、诉讼费和审计评估费用

C. 转让债券时，允许从转让收入中扣除卖价，但不能扣除转让和买入时发生的有关费用

D. 个人通过招标购置债权以后，处置部分债权时的应税收入为取得的货币资产和非货币资产的评估价值或市场价值的合计数

22. 纳税人有下列（　　）情况的，应当按照规定到主管税务机关办理纳税申报。

A. 年所得10万元以上的

B. 从中国境内两处或者两处以上取得所得的

C. 从中国境外取得所得的

D. 国务院规定的其他情形

23. 下列所得中，应按照"稿酬所得"缴纳个人所得税的有（　　）。

A. 报社印刷车间工作人员在本社报纸发表作

品所得

B. 杂志社记者在本社杂志发表文章获得的报酬

C. 电视剧制作中心的编剧编写剧本获得的报酬

D. 出版社专业作者翻译的小说由该出版社出版获得的报酬

24. 下列所得可以采用按年计征、分期预缴个人所得税的有（　　）。

A. 个体工商户的生产经营所得

B. 个人独资企业和合伙企业的所得

C. 特许权使用费所得

D. 承包所得

25. 根据个人所得税申报和缴纳的有关规定，下列说法正确的有（　　）。

A. 扣缴义务人因有特殊困难不能按期报送"扣缴个人所得税报告表"及其他有关资料的，经县级税务机关批准，可以延期申报

B. 扣缴义务人向个人支付应纳税所得时，不论纳税人是否属于本单位人员，均应代扣代缴其应缴纳的个人所得税

C. 个人独资企业投资者兴办两个或两个以上个人独资企业的，应向居住地主管税务机关汇总申报

D. 申请人拟转移的财产价值在 15 万元人民币以下的，不需要向税务机关申请税收证明

26. 根据个人所得税法律制度的规定，税务机关对个人股东股权转让的计税依据进行评估和审核的内容有（　　）。

A. 判断股权转让行为是否符合独立交易原则

B. 判断股权转让行为是否符合合理性经济行为及实际情况

C. 判断股权转让行为是否符合个人所得税的征税和优惠政策

D. 判断股权转让过程中个人股东提供的股权登记信息是否真实和完整

27. 下列所得，采用代扣代缴方式征收个人所得税的有（　　）。

A. 企事业单位的承包经营、承租经营所得

B. 财产转让所得

C. 财产租赁所得

D. 个人所得税的生产经营所得

28. 按照个人所得税法律制度的规定，对于纳税人临时离境的应视同在华居住，在计算居住天数时，不扣减其在华居住的天数，临时离境是指（　　）。

A. 一次离境不超过 30 天

B. 一次离境不超过 90 天

C. 多次离境累计不超过 30 天

D. 多次离境累计不超过 90 天

29. 在计算个体工商户的生产、经营所得时，个体工商户按规定缴纳的税金可以扣除的有（　　）。

A. 增值税　　　　B. 消费税

C. 教育费附加　　D. 车船税

30. 下列有关个体工商户计算缴纳个人所得税的表述中，正确的有（　　）。

A. 将其所得通过中国境内非营利性社会团体向教育和其他社会公益事业捐赠，捐赠额不超过其利润总额 12% 的部分允许税前扣除

B. 每一纳税年度发生的与其生产经营业务直接相关的业务招待费支出，按照发生额的 50% 扣除

C. 每一纳税年度发生的广告费和业务宣传费不超过当年销售（营业）收入 15% 的部分，可据实扣除；超过部分准予在以后的纳税年度结转扣除

D. 向其从业人员实际支付的合理工资、薪金支出，允许税前据实扣除

31. 根据税法规定，主管税务机关应对纳税人采取核定征收方式征收个人所得税的情形包括（　　）。

A. 纳税人依照国家有关规定应设置账簿但未设置账簿

B. 纳税人发生纳税义务，未按照规定的期限办理纳税申报，经税务机关责令限期申报，逾期仍不申报的

C. 虽设置账簿，但账目混乱或者成本资料、收入凭证、费用凭证残缺不全，难以查账的

D. 纳税人经营多业，没有单独核算收入的

9.1.3 判断题

1. 在中国境内有住所，或者无住所而一个纳税年度内在境内居住累计满183天的个人，属于我国个人所得税的居民纳税人。（　）

2. 在中国境内设立机构、场所且取得的所得与其所设机构、场所有实际联系的非居民企业，适用的企业所得税税率为20%。（　）

3. 个人将其应税所得全部用于公益救济性捐赠，将不承担缴纳个人所得税义务。（　）

4. 个人转让房屋所得应该按照财产转让所得缴纳个人所得税。（　）

5. 某保险公司营销员取得的佣金收入在计算缴纳个人所得税时不能扣除成本。（　）

6. 不动产转让所得以实现转让的地点为所得地。（　）

7. 中秋节公司为员工发放月饼，不应并入工资、薪金所得代扣代缴个人所得税。（　）

8. 个人所得税是以自然人取得各类应税所得为征税对象征收的一种所得税，是政府利用税收对个人收入进行调节的一种手段。（　）

9. 财产转让所得，是指个人转让有价证券、股权、合伙企业中的财产份额、不动产、机器设备、车船以及其他财产取得的所得。（　）

10. 纳税人（在中国境内无住所的个人除外）一次取得数月奖金或年终加薪，应将全部奖金或年终加薪同当月的工资、薪金合并计征个人所得税。（　）

11. 员工个人缴纳的商业人寿保险，公司予以报销的，不缴纳个人所得税。（　）

12. 个人将承租房屋转租取得的租金收入，不再缴纳个人所得税。（　）

13. 利息、股息、红利所得，是指个人拥有债权、股权而取得的利息、股息、红利所得。（　）

14. 转让财产，以收入额减除财产原值和合理费用后的余额为个人所得税应纳税所得额。所以转让土地使用权，减除的财产原值是为取得土地使用权所支付的金额。（　）

15. 个人从中国境内和境外取得的所得，应当分别计算个人所得税的应纳税额。（　）

16. 企业应当按照国家规定办理个人所得税全员全额扣缴申报。（　）

17. 缴纳个人所得税时，个人独资企业以投资人为纳税义务人，合伙企业以每个合伙人为纳税义务人。（　）

18. 工资、薪金所得应缴纳的个人所得税按月计征，由扣缴义务人或纳税人在次月10日内缴入国库。（　）

19. 取得不同项目劳务报酬所得的，应当合并为一次所得计算缴纳个人所得税。（　）

20. 我国个人所得税采用比例税率和超额累进税率两种形式。（　）

21. 财产转让所得，应以转让财产收入减除财产市价和合理费用后的余额为应纳税所得额计算缴纳个人所得税。（　）

22. 机关、企事业单位对未达到法定退休年龄、正式办理提前退休手续的个人，按照统一标准向提前退休工作人员支付一次性补贴，属于免税的离休工资。（　）

23. 在一个纳税年度内，对于每一个纳税人，该计税办法只允许采用一次。（　）

24. 个人取得稿酬收入，其应纳税所得额可减按70%计算个人所得税。（　）

25. 财产租赁所得适用20%的比例税率。（　）

26. 居民个人从中国境外取得所得的，应当在取得的次年1月1日至6月30日内申报纳税。（　）

27. 国务院规定对公益慈善事业捐赠实行全额税前扣除的，从其规定。（　）

28. 夫妻双方主要工作城市相同的，只能由一方扣除住房租金支出。（　）

29. 住房租金支出由签订租赁住房合同的承租人扣除。（　）

30. 经夫妻双方约定，住房租金支出可以选择由其中一方扣除，具体扣除方式确定后，在一个纳税年度内不得变更。（　）

9.1.4 思考题

1. 什么是个人所得税？
2. 个人所得税的特点是什么？
3. 个人所得税的纳税义务人包括哪些？
4. 简述居民纳税义务人的判定标准及纳税义务范围。
5. 简述非居民纳税义务人的判定标准及纳税义务范围。
6. 个人所得税的税率采用哪种形式？
7. 个人所得税的税金指什么？
8. 个人所得税的扣除项目及标准是什么？
9. 财产租赁所得税的适用税率是多少？
10. 个人所得税的专项扣除标准有哪些？
11. 关于个人所得税应纳税所得额的其他规定有哪些？
12. 个人所得税的纳税申报采取哪种形式？
13. 个人所得税自行申报的范围有哪些？
14. 个人所得税自行申报的方式有哪些？
15. 个人所得税应扣缴税款的所得项目有哪些？

任务 9.2 实训内容

9.2.1 实训一

实训资料：

张某承揽一项房屋装潢工程，工程 3 个月完工。房主第一个月支付给张某 10 000 元，第二个月支付 15 000 元，第三个月支付 30 000 元。

实训要求：

计算张某应缴纳个人所得税金额。

9.2.2 实训二

实训资料：

中国公民孙某系自由职业者，2021 年出版中篇小说一部，取得稿酬 50 000 元，后因小说加印和报刊连载，分别取得出版社稿酬 10 000 元和报社稿酬 3 800 元。

实训要求：

计算该公民应交纳的个人所得税金额。

9.2.3 实训三

实训资料：

公民马某月工资收入700元，年末一次性领取年终奖资金2 000元。

实训要求：

计算马某这笔收入的个人所得税应纳税额。

项目 10　综合测试题

实训目的

通过综合测试，检查学生掌握税法知识的牢固性，提升学生综合能力，从而提高学生综合实践能力。

实训要求

◎ 掌握税法的税收优惠政策。
◎ 掌握税法的征税范围。
◎ 掌握税法的计算方法。

实训准备

◎ 配备蓝（黑）笔、计算器。

综合测试（一）

一、单选题

1. 下列收入中，属于企业所得税法规定的不征税收入是（　　）。
   A. 事业单位收到的财政拨款收入
   B. 外贸企业收到的出口退税款收入
   C. 企业取得的国债利息收入
   D. 企业收到的地方政府未规定专项用途的税收返还款收入

2. 某企业2021年支付如下费用。合同工工资115万元，实习生工资30万元，返聘离休人员工资40万元。支付给劳务派遣公司用工费40万元。2021年企业计算企业所得税时允许扣除的职工工会经费限额是（　　）万元。
   A. 4.5　　　　B. 2.3
   C. 3.7　　　　D. 2.7

3. 对个人代销彩票取得的所得计征个人所得税时，适用的所得项目是（　　）。
   A. 劳务报酬所得　　B. 工资、薪金所得
   C. 经营所得　　　　D. 偶然所得

4. 下列各项中，关于促进软件产业和集成电路产业发展的企业所得税优惠政策，说法错误的是（　　）。
   A. 集成电路线宽小于28纳米，且经营期在15年以上的企业或项目，1～10年免税
   B. 集成电路线宽小于65纳米，且经营期在15年以上的企业或项目，二免三减半
   C. 集成电路线宽小于130纳米，且经营期在10年以上的企业或项目，二免三减半
   D. 国家鼓励的集成电路设计、装备、材料、封装、测试企业和软件企业，自获利年度起，二免三减半

5. 根据个人所得税法律制度的规定，在计算个体工商户生产经营所得应纳的个人所得税时，允许在个人所得税税前扣除的项目是（　　）。
   A. 分配给投资者的股利
   B. 被没收的财物、支付的罚款
   C. 个体工商户业主的工资支出
   D. 支付给从业人员的季度奖金

6. 个人取得的下列报酬，应按"稿酬所得"缴纳个人所得税的是（　　）。
   A. 杂志社记者在本社刊物发表文章取得的报酬
   B. 演员在企业广告制作过程中提供形象取得的报酬
   C. 高校教授为某杂志社审稿取得的报酬
   D. 出版社专业作者翻译的小说由该出版社出版取得的报酬

7. 下列行为中，承受方应计算缴纳契税的是（　　）。
   A. 以抵债方式取得土地使用权
   B. 以相等价格交换房屋
   C. 法定继承人通过继承承受土地、房屋权属
   D. 以自有房产作股投入本人经营企业

8. 以下需要缴纳消费税的是（　　）。
   A. 炼油厂销售汽油
   B. 银行销售金条
   C. 销售飞机
   D. 俱乐部销售购进游艇

9. 根据契税法律制度的规定，下列各项中，属于契税纳税人的是（　　）。
   A. 受赠房屋权属的个体工商户
   B. 转让土地使用权的企业
   C. 出租自有住房的个人
   D. 继承父母车辆的子女

10. 根据车船税法律制度的规定，下列各项中，属于非机动驳船计税依据的是（　　）。

A. 船身长度 B. 整备质量吨位数
C. 净吨位数 D. 船只数

11. 根据房产税法律制度的规定，下列不属于房产税征税范围的是（ ）。

A. 室内游泳馆 B. 厂区围墙
C. 商场 D. 居民楼

12. 某化妆品厂销售高档化妆品取得含税收入46.4万元，收取手续费1.5万元，另收取包装物押金1万元。已知增值税税率为13%，消费税税率为15%。以下关于该化妆品厂本月应缴消费税的计算中，正确的是（ ）。

A. $46.4 \times 15\% = 6.96$（万元）
B. $46.4 \div (1 + 13\%) \times 15\% = 6.16$（万元）
C. $(46.4 + 1.5) \div (1 + 13\%) \times 15\% = 6.36$（万元）
D. $(46.4 + 1.5 + 1) \div (1 + 13\%) \times 15\% = 6.49$（万元）

13. 根据关税法律制度的规定，一般贸易项下进口货物以海关审定成交价格为基础的到岸价格作为完税价格。下列关于成交价格的表述，正确的是（ ）。

A. 在货物成交过程中，向境外采购代理人支付的买方佣金，应计入成交价格
B. 在货物成交过程中，进口人在成交价格外支付给卖方的佣金，应计入成交价格
C. 卖方付给进口人的正常回扣，应计入成交价格
D. 卖方违反合同规定延期交货的罚款，可以从成交价格中扣除

14. 下列项目中，不属于缴纳印花税的合同凭证是（ ）。

A. 发电厂与电网签订的购售电合同
B. 电网与用户签订的供用电合同
C. 甲公司与乙公司签订的购售房合同
D. 出版单位与发行单位签订的订购单

15. 甲公司于2021年9月向乙公司购买一处闲置厂房，合同注明的土地使用权价款3 000万元，厂房及地上附着物价款500万元。已知当地规定的契税税率为3%，甲公司应缴纳的契税税额为（ ）万元。

A. 75 B. 15

C. 90 D. 105

16. 下列减按15%优惠税率征收企业所得税的居民企业是（ ）。

A. 个人独资企业
B. 高新技术企业
C. 小型微利企业
D. 一人有限责任公司

17. 2020年6月，农村居民陈某因受灾住宅倒塌，在规定用地标准以内占用150平方米耕地新建住宅，当地耕地占用税税率为20元／平方米。陈某应缴纳耕地占用税（ ）元。

A. 0 B. 1 500
C. 3 000 D. 4 000

18. 根据耕地占用税法律制度的规定，下列说法中不正确的是（ ）。

A. 公路、铁路线路占用耕地减半征收耕地占用税
B. 军事设施占用耕地免征耕地占用税
C. 免征耕地占用税后，改变原占地用途不再属于免征情形的应补缴耕地占用税
D. 纳税人应当自纳税义务发生之日起30日内申报缴纳耕地占用税

19. 下列说法中，符合契税纳税义务发生时间规定的是（ ）。

A. 纳税人接收土地、房屋的当天
B. 纳税人支付土地、房屋款项的当天
C. 纳税人办理土地、房屋权属证书的当天
D. 纳税人签订土地、房屋权属转移合同的当天

20. 下列关于房产税的说法中，不正确的是（ ）。

A. 非营利性老年服务机构自用房产暂免征房产税
B. 企业办的技术培训学校自用的房产免征房产税
C. 外商投资企业的自用房产免征房产税
D. 高校学生公寓免征房产税

21. 在签订合同时无法确定计税金额的，可在签订时先按定额（ ）元贴花，以后结算时再按实际金额计税，补贴印花。

A. 5 B. 8

C. 10　　　　　　D. 15

22. 船舶吨税的纳税义务发生时间为（　　）。

A. 应税船舶进入港口的当日

B. 应税船舶进入港口的次日

C. 海关填发船舶吨税缴款凭证当日

D. 海关填发船舶吨税缴款凭证次日

23. 车船税的扣缴义务人是（　　）。

A. 国家税务总局

B. 主管税务机关

C. 从事机动车第三者责任强制保险业务的保险机构

D. 购买车船的消费者

24. 下列行为中，属于印花税列举应税合同范围的是（　　）。

A. 某银行向另一银行签订的拆借50 000万元的合同

B. 企业与主管部门签订的租赁承包合同

C. 科技公司签订的技术服务合同

D. 某公司和会计师事务所签订的管理咨询合同

25. 根据印花税法律制度的规定，对于纳税凭证的保存期限，凡国家已有明确规定的，按规定办理；没有明确规定的，其余凭证均应在履行完毕后保存（　　）年。

A. 10　　　　　　B. 5

C. 1　　　　　　D. 2

26. 下列关于专项附加扣除的表述中，正确的是（　　）。

A. 同一学历（学位）继续教育的扣除期限不能超过24个月

B. 纳税人接受技能人员职业资格继续教育的支出，在取得相关证书的当年，按照每月3 600元的标准定额扣除

C. 纳税人发生的首套住房贷款利息支出，扣除期限最长不超过240个月

D. 赡养老人支出中的被赡养人仅指年满60岁的父母

27. 我国现行个人所得税采用的税制类型是（　　）。

A. 分类所得税制　　B. 综合所得税制

C. 混合所得税制　　D. 单一所得税制

28. 根据企业所得税法律制度的规定，企业外购资产用于下列情形的，应当视同销售确认收入的是（　　）。

A. 作为原材料投入生产

B. 作为门市房对外出租

C. 移送至境外分公司用于继续加工

D. 移送至境内分公司用于连续加工

29. 根据企业所得税法律制度的规定，下列各项属于居民企业的是（　　）。

A. 依照中国法律在中国境内成立的合伙企业

B. 依照中国法律在中国境内成立的有限责任公司

C. 依照外国法律成立且实际管理机构在中国境外的企业

D. 依照中国法律在中国境内成立的个人独资企业

30. 下列服务中，不属于增值税现代服务的是（　　）。

A. 研发和技术服务　B. 信息技术服务

C. 文化创意服务　　D. 旅游娱乐服务

二、多选题

1. 下列所得中，免予缴纳个人所得税的有（　　）。

A. 著名作家获得的诺贝尔文学奖奖金

B. 王某购买彩票中奖1 000元

C. 钱某取得的军人转业费

D. 孙某退休后按月领取的养老金

2. 根据烟叶税法律制度的规定，下列说法正确的有（　　）。

A. 在 H 国收购晾晒烟叶的单位为烟叶税纳税人

B. 在我国收购晾晒烟叶的单位为烟叶税纳税人

C. 烟叶税实行比例税率

D. 纳税人应当向烟叶收购地的主管税务机关申报纳税

3. 下列各项中，不需要缴纳土地增值税的有（　　）。

A. 房产所有人将房产赠与儿女

B. 代建房行为

C. 个人因工作调动转让购买满 5 年的经营性房产

D. 因国家建设需要拆迁，由纳税人自行转让房地产

4. 有下列情形之一的，纳税义务人自缴纳税款之日起 1 年内，可以申请退还关税（　　）。

A. 已征收进口关税的货物，因品质或者规格问题，原状退货复运出境的

B. 已征收出口关税的货物，因品质或者规格问题，原状退货复运进境，并已重新缴纳因出口退还的国内环节有关税收的

C. 已征收出口关税的货物，因故未装运出口，申报退关的

D. 已征收进口关税的货物，因滞销问题，原状退货复运出境的

5. 根据资源税的相关规定，下列说法正确的有（　　）。

A. 资源税的立法原则为普遍征收、级差调节

B. 从价定率计征资源税的矿产品，计税依据为销售应税产品向购买方收取的全部价款和价外费用，不包含收取的增值税销项税额

C. 资源税实行进口不征，出口不退的规则

D. 对充填开采置换的煤炭，资源税减征 50%

6. 根据现行消费税的规定，下列说法错误的有（　　）。

A. 包金、镀金首饰应该在生产环节按 10% 计征消费税

B. 带料加工金银首饰的计税依据为受托方收取的加工费

C. 销售金银首饰的计税依据为含增值税的销售额

D. 金银首饰连同包装物销售的计税依据为含包装物金额的销售额

7. 下列可按生产领用数量抵扣应税消费品已纳消费税的有（　　）。

A. 外购润滑油不经加工只贴商标

B. 卷烟厂将委托加工收回的烟丝生产卷烟

C. 首饰厂将委托加工收回的已税玉珠抛光打孔串成玉珠项链

D. 白酒厂将委托加工收回的已税低档白酒用于生产高档白酒

8. 根据印花税法律制度的规定，下列各项中，属于印花税纳税人的有（　　）。

A. 合同的双方当事人、担保人、证人、鉴定人

B. 营业账簿的立账簿人

C. 产权转移书据的立据人

D. 在国外书立、领受，但在国内使用应税凭证的单位

9. 下列关于房地产开发企业土地增值税清算的说法，正确的有（　　）。

A. 房地产开发企业逾期开发缴纳的土地闲置费可以扣除

B. 对于分期开发的房地产项目，以分期项目为单位清算

C. 货币安置拆迁的，房地产开发企业凭合法有效凭据计入拆迁补偿费

D. 房地产开发企业为取得土地使用权所支付的契税，应计入"取得土地使用权所支付的金额"中扣除

10. 根据《中华人民共和国车辆购置税法》规定，下列车辆免征车辆购置税的有（　　）。

A. 长期来华定居专家进口 1 辆自用小汽车

B. 城市公交企业购置的公共汽电车辆

C. 国际组织驻华机构自用车辆

D. 农用三轮车

11. 下列资源属于资源税征税范围的有（　　）。

A. 天然原木，不包括加工的板材

B. 天然原油，不包括人造石油

C. 非金属矿，包括石灰岩

D. 煤原矿或选矿，不包括煤炭制品

12. 以下关于城市维护建设税税收优惠的说法

正确的有（　　）。

　　A. 海关对进口产品代征的增值税、消费税，不征收城市维护建设税

　　B. 城市维护建设税原则上不单独减免，但因城市维护建设税具有附加税性质，所以当主税发生减免时，城市维护建设税相应发生税收的减免

　　C. 对国家重大水利工程建设基金免征城市维护建设税

　　D. 对出口产品退还增值税、消费税的，同时退还城市维护建设税

　　13. 白酒生产企业销售自产白酒时向购买方收取的下列款项中，应并入销售额计征消费税的有（　　）。

　　A. 包装物押金　　B. 延期付款利息
　　C. 品牌使用费　　D. 包装费

　　14. 下列应税行为中，应该按照6%的税率征收增值税的有（　　）。

　　A. 市场调查服务　　B. 合同能源管理服务
　　C. 程租业务　　D. 邮政代理业务

　　15. 根据《中华人民共和国车辆购置税暂行条例》的规定，下列属于车辆购置税应税行为的有（　　）。

　　A. 抵债方式取得并使用应税车辆
　　B. 获奖使用行为
　　C. 购买使用进口车辆的行为
　　D. 销售车辆的行为

　　16. 下列个人取得的所得，可以免征或暂免征收个人所得税的有（　　）。

　　A. 外籍个人以实报实销形式取得的住房补贴和伙食补贴
　　B. 外籍个人取得搬迁费的现金补贴
　　C. 个人取得的保险赔款
　　D. 个人取得的企业债券利息收入

　　17. 下列收入中，应按"财产租赁所得"缴纳个人所得税的有（　　）。

　　A. 房产转租收入
　　B. 因将房产提供给债权人使用而放弃的租金收入
　　C. 个体工商户将私有住房对外出租而获得的租金收入

　　D. 将非专利技术的使用权让渡给他人使用的收入

　　18. 下列各项中，应按"利息、股息、红利所得"项目征收个人所得税的有（　　）。

　　A. 法人企业为其股东购买小汽车并将汽车办理在股东名下
　　B. 个人取得的国债转让所得
　　C. 个人独资企业业主用企业资金进行个人消费部分
　　D. 个人独资企业和合伙企业对外投资分回的利息、股息、红利

　　19. 下列权利许可证照，应征收印花税的有（　　）。

　　A. 房屋产权证　　B. 商标注册证
　　C. 工商营业执照　　D. 土地使用证

　　20. 下列说法符合耕地占用税税收优惠政策的有（　　）。

　　A. 宗教寺庙占用耕地免征耕地占用税
　　B. 军事设施占用耕地免征耕地占用税
　　C. 学校、幼儿园占用耕地免征耕地占用税
　　D. 养老院、医院占用耕地免征耕地占用税

　　21. 下列各项中，关于医疗机构个人所得税政策的表述正确的有（　　）。

　　A. 个人因在医疗机构任职而取得的所得，应按照"工资、薪金所得"应税项目计征个人所得税
　　B. 医生或其他个人承包、承租经营医疗机构，经营成果归承包人所有的，应按照"经营所得"应税项目计征个人所得税
　　C. 个人投资或个人合伙投资开设医院（诊所）取得的收入，按照"经营所得"应税项目计征个人所得税
　　D. 个人因在医疗机构非任职取得的所得，应按照"劳务报酬所得"应税项目计征个人所得税

　　22. 计算个人所得税时，下列捐赠可以全额从应纳税所得额中扣除的有（　　）。

　　A. 通过非营利性社会团体，对青少年活动中心的捐赠
　　B. 通过国家机关，对农村义务教育的捐赠
　　C. 通过公益性社会团体对老年社会福利院的捐赠

D. 通过非营利性社会团体，对教育事业的捐赠

23. 纳税人发生的下列行为，以房屋或土地使用权的成交价格作为契税计税依据的有（　　）。

　　A. 购置土地使用权

　　B. 购置房屋

　　C. 接受土地使用权赠与

　　D. 接受房屋赠与

24. 下列单位和个人取得的收入中，应按4%的税率计算房产税的有（　　）。

　　A. 企业向个人出租办公楼取得的租金

　　B. 企业向关联方企业出租职工宿舍取得的租金

　　C. 社会团体按市场价格向个人出租用于居住的住房取得的租金

　　D. 事业单位按市场价格向个人出租用于居住的住房取得的租金

25. 下列各项中，应将其价值计入房产原值计征房产税的有（　　）。

　　A. 照明设备　　　B. 中央空调

　　C. 电梯　　　　　D. 智能化楼宇设备

26. 下列各项中，对车船税的相关规定表述正确的有（　　）。

　　A. 车船税属于资源税

　　B. 车船税采用定额幅度税率

　　C. 车船税可以调节财富分配

　　D. 扣缴义务人代收代缴车船税的，纳税地点为扣缴义务人所在地

27. 下列各项中，关于船舶吨税的说法正确的有（　　）。

　　A. 船舶吨税纳税义务发生时间为应税船舶进入港口的当日

　　B. 海关发现少征或者漏征税款的，应当自应税船舶应当缴纳税款之日起1年内，补征税款

　　C. 吨税执照在期满前毁损或者遗失的，应当向原发照海关书面申请核发吨税执照副本，不再补税

　　D. 未按照规定交验吨税执照以及提供其他证明材料的，由海关责令限期改正，处2 000元以上3万元以下罚款

28. 下列各项中，需缴纳耕地占用税的有（　　）。

　　A. 临时占用耕地

　　B. 占用园地建设畜禽养殖设施

　　C. 农村居民占用耕地新建住宅

　　D. 占用人工牧场从事非农业建设

29. 根据个人所得税法律制度的规定，下列居民个人的各项所得中，按次计征个人所得税的有（　　）。

　　A. 经营所得　　　B. 财产转让所得

　　C. 财产租赁所得　D. 偶然所得

30. 根据个人所得税法律制度的规定，个人发生的下列公益性捐赠支出中，准予税前全额扣除的有（　　）。

　　A. 通过非营利性社会团体向公益性青少年活动场所的捐赠

　　B. 通过国家机关向贫困地区的捐赠

　　C. 通过非营利性社会团体向农村义务教育的捐赠

　　D. 通过国家机关向红十字事业的捐赠

三、判断题

1. 职工因公出差乘坐交通工具发生人身意外的保险费，准予在计算企业所得税时扣除。（　　）

2. 资源税纳税人自用应税产品的，纳税义务发生时间为移送应税产品的当日。（　　）

3. 游艇采用从量计征方法计缴消费税。（　　）

4. 停机坪、港口、航道、水利工程等占用耕地的，减半征收耕地占用税。（　　）

5. 开采原油过程中用于加热的原油免征资源税。（　　）

6. 以融资租赁方式租入的固定资产，不得计算折旧并在企业所得税税前扣除。（　　）

7. 纳税人发生应税销售行为的销售额，未达

到增值税起征点的，免征增值税；达到起征点的，按超过起征点的金额计算缴纳增值税。（　）

8. 对个人独资企业投资者取得的生产经营所得应征收企业所得税，不征收个人所得税。（　）

9. 未投入使用的大型机器设备折旧，可以在计算企业所得税应纳税所得额时扣除。（　）

10. 个人取得的住房转租收入，应按"财产转让所得"征收个人所得税。（　）

11. 超豪华小汽车在生产（进口）环节按现行税率征收消费税的基础上，在零售环节加征消费税。（　）

12. 增值税起征点适用于个体工商户。（　）

13. 委托方将委托加工收回的应税消费品销售的，需按规定缴纳消费税，并且准予扣除受托方已代收代缴的消费税。（　）

14. 纳税人委托施工企业建设的房屋，从建成次月起，缴纳房产税。（　）

15. 烟叶税纳税人是种植单位及个人。（　）

16. 到岸价格包括货价，加上货物运抵我国关境内输入地点起卸后的包装费、运费、保险费和其他劳务费等。（　）

17. 企业种植蔬菜、粮食，免征企业所得税。（　）

18. 海关发现少征或者漏征税款的，应当自应税船舶应当缴纳税款之日起3年内补征税款。（　）

19. 烟叶税在烟叶零售环节征收。（　）

20. 某农场占用苗圃修建水渠，不缴纳耕地占用税。（　）

21. 对国有企业职工，因企业依照《中华人民共和国企业破产法》宣告破产，从破产企业取得的一次性安置费收入，免于征收个人所得税。（　）

22. 个人通过网络收购玩家的虚拟货币，加价后向他人出售取得的收入，不征收个人所得税。（　）

23. 在中国境内有住所或者无住所，而一个纳税年度内在境内居住累计满183天的个人，属于我国个人所得税的居民个人。（　）

24. 退休人员再任职取得的收入，免征个人所得税。（　）

25. 非居民企业取得来源于中国境外但与其在中国境内设立的机构、场所有实际联系的所得，应缴纳企业所得税。（　）

26. 企业在年度中间终止经营活动的，应当自实际经营终止之日起30日内，向税务机关办理当期企业所得税汇算清缴。（　）

27. 依照中国法律、行政法规成立的个人独资企业属于企业所得税纳税义务人。（　）

28. 企业从事海水养殖项目的所得，免征企业所得税。（　）

29. 农村居民在规定用地标准以内占用耕地，新建自用住宅，可以免征耕地占用税。（　）

30. A市甲企业委托B市乙企业加工一批应税消费品，该批消费品应缴纳的消费税税款应由乙企业向B市税务机关解缴。（　）

四、计算题

1. 某食品加工企业为增值税一般纳税人，2022年8月发生以下业务。

（1）将成本为600万元的产品80%对外销售，取得含税价款1 100万元；另外20%的产品作为股利发放给股东。

（2）购入生产原料一批，取得增值税专用发票，发票上注明税额50万元。

（3）购进一辆小汽车作为销售部门公用车，取得机动车销售统一发票，发票上注明税额3.8万元。

（4）在某市购入3间房屋作为当地办事处工作用房，取得增值税专用发票，发票上注明金额500万元。

（5）支付某广告公司广告设计费，取得该广告公司开具的增值税专用发票，发票上注明金额6万元。

（6）上月购进用于直接销售的免税农产品（未纳入核定扣除试点范围）因保管不善发生损失，已知产品的账面成本为1.15万元（含运费0.15万元，从一般纳税人企业取得增值税专用发票），该批产品上月已申报抵扣进项税额。

已知：本月取得的相关票据均符合税法规定并在本月认证抵扣。

根据上述资料，回答下列问题。

①计算该企业当期销项税额。

②计算该企业业务。

③计算该企业当月进项税额转出。

④计算该企业当月应缴纳增值税。

2. 某市有国际运输资质的运输公司，为增值税一般纳税人，2022年6月经营情况如下。

（1）从事运输服务，开具增值税专用发票，发票注明运输费350万元、装卸费38万元。

（2）从事仓储服务，开具增值税专用发票，发票注明仓储收入100万元、装卸费16万元。

（3）从事国内运输服务，价税合计272.5万元；运输至香港、澳门，价税合计51.06万元。

（4）出租客货两用车，取得含税收入65.8万元。

（5）销售自己使用过不得抵扣且未抵扣过进项税额的固定资产，开具的普通发票注明金额3.09万元。

（6）进口货车自用，成交价170万元，境外运费12万元，保险费8万元。

（7）国内购进轿车自用，取得增值税专用发票，价款80万元，增值税10.4万元；接受运输服务，取得增值税专用发票，价款6万元，增值税0.54万元。

（8）购买纯净水，取得增值税专用发票，价款10万元，增值税1.3万元，其中60%赠送给客户，40%用于职工福利。

已知：关税税率20%。

根据上述材料，回答下列问题。

①计算该企业进口业务应缴纳的增值税。

②计算该企业6月准予抵扣的增值税进项税额。

③计算该企业6月应缴纳的增值税。

④计算该企业6月的城市维护建设税、教育费附加、地方教育附加合计数。

⑤计算该企业应缴纳的车辆购置税。

3. 某煤矿为增值税一般纳税人，2022年8月发生下列业务。

（1）开采原煤60 000吨，移送加工洗选煤100吨。

（2）采取托收承付方式销售原煤600吨，每吨不含税售价为150元，货款已经收讫。

（3）销售未税原煤加工的选煤80吨，每吨不含税售价300元（含收取每吨60元从坑口到码头的运费，能够取得相应的凭证）；当月将生产的12吨选煤用于职工宿舍取暖，将8吨选煤赠送给有业务往来的某企业。

（4）销售从某天然气开采企业购进天然气50 000立方米，取得不含税销售额72 000元，并收取优质费2 311元。

已知：该煤矿原煤资源税税率为5%，选煤资源税税率为4%，天然气资源税税率为6%。根据上述资料回答下列问题，计算结果保留小数点后两位。

①计算业务（1）应缴纳的资源税。

②计算业务（2）应缴纳的资源税。

③计算业务（3）应缴纳的资源税。

④计算当月共计应缴纳的资源税。

综合测试（二）

一、单选题

1. 下列各项中，关于增值税征税范围的说法，正确的是（　　）。
   A. 金融商品持有期间取得的非保本收益，征收增值税
   B. 宾馆、旅馆、旅社、度假村和其他经营性住宿场所提供会议场地及配套服务的活动，按"会议展览服务"缴纳增值税
   C. 提供餐饮服务的纳税人销售外卖食品，按照"销售商品"缴纳增值税
   D. 无运输工具承运业务，按照"商务辅助服务——经纪代理服务"缴纳增值税

2. 下列各项业务中，应同时征收增值税和消费税的有（　　）。
   A. 家居建材商城销售涂料
   B. 汽车厂销售自产电动汽车
   C. 百货商场销售高档手表
   D. 进出口公司进口高尔夫球及球具

3. 一般纳税人提供下列服务，可以选择简易计税方法按5%征收率计算缴纳增值税的是（　　）。
   A. 公共交通运输服务
   B. 不动产经营租赁
   C. 建筑服务
   D. 文化体育服务

4. 关于关税的减免税，下列表述正确的是（　　）。
   A. 在海关放行前损失的货物免征关税
   B. 无商业价值的广告品视同货物进口征收关税
   C. 外国企业无偿赠送的物资免征关税
   D. 关税税额在人民币100元以下的货物免征关税

5. 根据税法规定，纳税人转让旧房的，应按房屋及建筑物的评估价格、取得土地使用权所支付的地价款和按国家统一规定缴纳的有关费用，以及在转让环节缴纳的税金作为扣除项目金额计征土地增值税。评估价格须经（　　）确认。
   A. 海关
   B. 财政机关
   C. 当地税务机关
   D. 省、自治区、直辖市人民政府

6. 下列行为属于土地增值税征税范围的是（　　）。
   A. 政府向国有企业划转土地使用权
   B. 事业单位出租闲置房产
   C. 村委会自行转让土地
   D. 企业以房地产抵债

7. 下列情形中不缴纳车辆购置税的有（　　）。
   A. 中国公民进口旧车自用
   B. 汽车贸易公司进口汽车销售
   C. 汽车制造厂将自产汽车转为自用
   D. 接受他人馈赠小汽车一辆

8. 下列各项中，关于车辆购置税最低计税价格核定表述正确的是（　　）。
   A. 最低计税价格是由省、国家税务局核定的
   B. 非贸易渠道进口车辆的最低计税价格为同类型车辆的平均计税价格
   C. 最低计税是参照企业生产成本价格核定的
   D. 最低计税价格是参照市场平均交易价格核定的

9. 下列各项中，关于资源税的说法正确的是（　　）。
   A. 开采原煤和进口原煤均缴纳资源税
   B. 资源税纳税人不仅限于企业
   C. 开采的矿产品直接出口，不需要缴纳资源税
   D. 资源税全面实行从价计征

10. 企业生产或开采的下列资源产品中，不征收或免征资源税的是（　　）。

A. 油田范围内运输稠油过程中用于加热的原油、天然气

B. 深水油气田开采的天然气

C. 高含硫天然气

D. 高凝油

11. 某县一生产企业为增值税一般纳税人。本期进口原材料一批，向海关缴纳进口环节增值税25万元；本期在国内销售甲产品最终实际向税务机关缴纳增值税40万元、消费税40万元，消费税滞纳金1万元；本期出口乙产品一批，按规定退回增值税8万元。该企业本期应缴纳城市维护建设税（　　）万元。

A. 4.55　　　　　B. 4
C. 4.25　　　　　D. 5.6

12. 某烟草公司于2022年8月8日到邻县收购烟叶，支付价款88万元，另向烟农支付了价外补贴10万元，下列有关纳税事项的表述，正确的是（　　）。

A. 烟草公司8月收购烟叶应缴纳烟叶税19.6万元

B. 烟草公司8月收购烟叶应缴纳烟叶税17.6万元

C. 烟草公司收购烟叶的纳税义务发生时间是8月8日

D. 烟草公司应向公司所在地主管税务机关申报缴纳烟叶税

13. 下列企业中，不属于消费税纳税义务人的是（　　）。

A. 零售金银首饰的首饰店

B. 从事白酒批发业务的商贸企业

C. 进口小汽车的外贸企业

D. 委托加工烟丝的卷烟厂

14. 下列各项中，关于消费税纳税期限的规定说法不正确的是（　　）。

A. 纳税人以1个季度为1个纳税期的，自期满之日起15日内申报纳税

B. 纳税人以1个月为1个纳税期的，自期满之日起5日内预缴税款，于次月1日起15日内申报纳税并结清上月应纳税款

C. 以1日、3日、5日、10日或者15日为1个纳税期的，自期满之日起5日内预缴税款，于次月1日起15日内申报纳税并结清上月应纳税款

D. 纳税人进口应税消费品，应当自海关填发海关进口消费税专用缴款书之日起15日内缴纳税款

15. 根据消费税的法律制度规定，下列关于从量定额计征消费税的应税消费品，其销售数量的确定，不正确的是（　　）。

A. 生产销售应税消费品的，为应税消费品的销售数量

B. 自产自用应税消费品的，为应税消费品的移送使用数量

C. 委托加工应税消费品的，为委托加工的应税消费品数量

D. 进口的应税消费品，为海关核定的应税消费品进口征税数量

16. 关于增值税的销售额，下列说法正确的是（　　）。

A. 经纪代理服务，以取得全部价款和价外费用为销售额

B. 旅游服务，一律以取得的全部价款和价外费用为销售额

C. 航空运输企业的销售额，不包括收取的机场建设费

D. 劳务派遣服务，一律以取得全部价款和价外费用为销售额

17. 2022年5月，某境外公司为我国A企业提供系统支持、咨询服务，合同含税价款300万元。该境外公司在该地区有代理人，则该代理人应当扣缴的增值税税额为（　　）万元。

A. 16.98　　　　　B. 0
C. 12　　　　　　D. 18

18. 根据耕地占用税法律制度的规定，下列情形中，不缴纳耕地占用税的是（　　）。

A. 占用市区工厂土地建设商品房

B. 占用市郊菜地建设公路

C. 占用牧草地建设厂房

D. 占用果园建设旅游度假村

19. 2022年7月，甲公司开发住宅社区，经批

准共占用耕地 160 000 平方米，其中 800 平方米兴建幼儿园，6 000 平方米修建学校。已知耕地占用税适用税率为 30 元 / 平方米。甲公司应缴纳耕地占用税税额计算正确的是（　　）。

A. 160 000×30 = 4 800 000（元）

B. (160 000 － 800 － 6 000)×30 = 4 596 000（元）

C. (160 000 － 6000)×30 = 4 620 000（元）

D. (160 000 － 800)×30 = 4 776 000（元）

20. 烟叶税（　　），纳税人应当于纳税义务发生月终了之日起（　　）内申报并缴纳税款。

A. 按月计征，5 日

B. 按月计征，15 日

C. 按次计征，5 日

D. 按次计征，15 日

21. 根据船舶吨税法律制度的规定，下列选项中，不属于免征船舶吨税的是（　　）。

A. 非机动船舶

B. 捕捞渔船

C. 军队征用的船舶

D. 吨税执照期满 12 小时内上下货物的船舶

22. 根据印花税法律制度的规定，下列关于印花税计税依据的表述中，正确的是（　　）。

A. 应税合同的计税依据为合同所列金额，包括列明的增值税税款

B. 合同中价款或者报酬与增值税税款未分开列明的，按照合计金额确定

C. 保管合同的计税依据为保管标的物的总价值

D. 借款合同的计税依据为该笔借款产生的利息费用

23. 下列各项中，属于印花税征税范围的是（　　）。

A. 营业账簿　　B. 营业执照

C. 商标注册证　　D. 不动产权证书

24. 根据企业所得税法律制度的规定，下列关于不同方式下销售商品收入金额确定的表述，正确的是（　　）。

A. 采用商业折扣方式销售商品的，按照扣除商业折扣前的金额确定销售商品收入金额

B. 采用现金折扣方式销售商品的，按照扣除现金折扣前的金额确定销售商品收入金额

C. 采用售后回购方式销售商品的，按照扣除回购商品公允价值后的余额确定销售商品收入金额

D. 采用以旧换新方式销售商品的，按照扣除回收商品公允价值后的余额确定销售商品收入金额

25. 根据企业所得税法律制度的规定，下列各项中，应以同类固定资产重置完全价值为计税基础的是（　　）。

A. 盘盈的固定资产

B. 自行建造的固定资产

C. 外购的固定资产

D. 通过捐赠取得的固定资产

26. 根据企业所得税法律制度的规定，关于确认收入实现时间的下列表述中，正确的是（　　）。

A. 接受捐赠收入，按照合同约定的捐赠日期确认收入的实现

B. 利息收入，按照合同约定的债务人应付利息的日期确认收入的实现

C. 租金收入，按照出租人实际收到租金的日期确认收入的实现

D. 权益性投资收益，按照投资方实际收到利润的日期确认收入的实现

27. 根据消费税法律制度的规定，下列各项中，不征收消费税的是（　　）。

A. 体育场上用的发令纸

B. 爆竹

C. 礼花弹

D. 组合烟花

28. 根据增值税法律制度的规定，下列各项中，应征收增值税的是（　　）。

A. 被保险人获得的保险赔付

B. 航空公司根据国家指令无偿提供用于公益事业的航空运输服务

C. 居民存款利息

D. 母公司向子公司出售不动产

29. 根据个人所得税法律制度的规定，下列各项中，不属于个人所得税免税项目的是（　　）。

A. 国债利息

B. 军人的转业费

C. 县级人民政府颁发的教育方面的奖金

D. 国家发行的金融债券利息

30. 企事业单位、社会团体以及其他组织转让旧房作为改造安置住房房源且增值额未超过扣除项目金额（　　）的，免征土地增值税。

A. 10% B. 20%
C. 25% D. 30%

二、多选题

1. 根据耕地占用税法律制度的规定，下列各项中，免征耕地占用税的有（　　）。
   A. 公立学校教学楼占用耕地
   B. 城区内机动车道占用耕地
   C. 军事设施占用耕地
   D. 医疗机构内职工住房占用耕地

2. 根据印花税法律制度的规定，下列各项中，属于印花税征税范围的有（　　）。
   A. 运输合同　　B. 买卖合同
   C. 租赁合同　　D. 技术合同

3. 根据关税法律制度的规定，下列进口货物中，实行从价加从量复合税率计征进口关税的有（　　）。
   A. 摄像机　　　B. 啤酒
   C. 放映机　　　D. 广播用录像机

4. 根据关税法律制度的规定，下列各项中，属于法定减免关税的有（　　）。
   A. 进出境运输工具装载的途中必需的燃料、物料和饮食用品
   B. 外国政府无偿赠送的物资
   C. 无商业价值的广告品
   D. 无商业价值的货样

5. 根据关税法律制度的规定，下列各项中，应当计入出口关税完税价格的有（　　）。
   A. 出口关税
   B. 出口货物装船以后发生的费用
   C. 出口货物在成交价格中未单独列明的支付给国外的佣金
   D. 出口货物在成交价格以外买方另行支付的货物包装费

6. 根据增值税法律制度的规定，一般纳税人购进货物发生的下列情形中，不得从销项税额中抵扣进项税额的有（　　）。
   A. 将购进的货物分配给股东
   B. 将购进的货物用于个人消费
   C. 将购进的货物无偿赠送给客户
   D. 将购进的货物用于集体福利

7. 甲建筑公司为增值税一般纳税人，其2021年11月发生的下列增值税进项税额中，准予从销项税额中抵扣的有（　　）。
   A. 购进工程所用材料取得增值税专用发票上注明税额150 000元
   B. 购进施工现场修建临时建筑物所用材料取得增值税专用发票上注明税额8 000元
   C. 购进工程设计服务取得增值税专用发票上注明税额500元
   D. 购进办公用品取得增值税普通发票上注明税额180元

8. 根据企业所得税法律制度的规定，下列各项中，不应计入应纳税所得额的是（　　）。
   A. 在中国境内设立机构、场所的非居民企业从居民企业取得与该机构、场所有实际联系的股息、红利等权益性投资收益
   B. 因债权人缘故确实无法支付的应付款项
   C. 依法收取并纳入财政管理的行政事业性收费
   D. 接受捐赠收入

9. 根据增值税法律制度的规定，下列各项中，免予缴纳增值税的有（　　）。
   A. 果农销售自产水果
   B. 药店销售避孕药品
   C. 王某销售自己使用过的空调
   D. 直接用于教学的进口设备

10. 根据车辆购置税法律制度的规定，下列各项中，属于车辆购置税征税范围的是（　　）。
    A. 有轨电车
    B. 小轿车
    C. 汽车挂车

D. 排气量为 100 毫升的摩托车

11. 根据车辆购置税法律制度的规定，下列单位和个人，属于车辆购置税纳税人的有（ ）。

　　A. 购买应税货车并自用的某外商投资企业

　　B. 进口应税小轿车并自用的某外贸公司

　　C. 获得奖励应税轿车并自用的李某

　　D. 受赠应税小型客车并自用的某学校

12. 根据车辆购置税法律制度的规定，下列说法正确的有（ ）。

　　A. 排气量 140 毫升的摩托车需要缴纳车辆购置税

　　B. 车辆购置税采用地区差别比例税率

　　C. 城市公交企业购置的公共汽电车辆免征车辆购置税

　　D. 购置已征车辆购置税的车辆，不再征收车辆购置税

13. 根据消费税法律制度的规定，下列情形中，应缴纳消费税的有（ ）。

　　A. 卷烟厂将自产的卷烟用于个人消费

　　B. 化妆品厂将自产的高档化妆品赠送客户

　　C. 酒厂用自产的啤酒赞助啤酒节

　　D. 地板厂将自产的实木地板用于办公室装修

14. 根据消费税法律制度的规定，下列关于消费税纳税义务发生时间的表述，正确的有（ ）。

　　A. 纳税人自产自用应税消费品的，为移送使用的当天

　　B. 纳税人委托加工应税消费品的，为交付加工费的当天

　　C. 纳税人进口应税消费品的，为报关进口的当天

　　D. 纳税人销售应税消费品采取预收款方式的，为发出应税消费品的当天

15. 根据消费税法律制度的规定，下列应税消费品中，实行从量定额计征消费税的有（ ）。

　　A. 柴油　　　　B. 涂料

　　C. 黄酒　　　　D. 游艇

16. 根据契税法律制度的规定，下列各项中，免征契税的有（ ）。

　　A. 军事单位承受土地用于军事设施

　　B. 国家机关承受房屋用于办公

　　C. 纳税人承受荒山土地使用权用于农业生产

　　D. 城镇居民购买商品房用于居住

17. 甲企业从境外进口一批高档化妆品，下列关于该业务征缴消费税的表述正确的有（ ）。

　　A. 甲企业应向报关地海关申报缴纳消费税

　　B. 甲企业应当自海关填发进口消费税专用缴款书之日起 15 日内缴纳税款

　　C. 海关代征的消费税应分别入中央库和地方库

　　D. 甲企业使用该进口已税高档化妆品生产高档化妆品准许扣除进口环节缴纳的消费税

18. 按照现行政策规定，下列属于车辆购置税免税项目的有（ ）。

　　A. 中国人民解放军和中国人民武装警察部队列入军队武器装备订货计划的车辆

　　B. 设有固定装置的非运输车辆

　　C. 购置列入《新能源汽车车型目录》的新能源汽车

　　D. 外国驻华使馆、领事馆和国际组织驻华机构及其外交人员自用的车辆

19. 下列各项中，关于烟叶税的说法正确的有（ ）。

　　A. 烟叶税的纳税义务发生时间为纳税人收购烟叶的第二天

　　B. 烟叶税按月计征，纳税人应当于纳税义务发生月终了之日起 15 日内申报并缴纳税款

　　C. 烟叶税以烟叶收购价款为计税依据征税

　　D. 烟叶税的征税范围是晾晒烟叶和烤烟

20. 下列属于城市维护建设税计税依据的有（ ）。

　　A. 纳税人被税务机关查补的消费税额、增值税额

　　B. 纳税人被加收的滞纳金和被处罚款

　　C. 纳税人进口环节被海关代征的增值税、消费税税额

　　D. 纳税人出口货物经批准当期免抵的增值税税额

21. 关于城市维护建设税，下列说法正确的有（ ）。

　　A. 纳税人所在地在县城、建制镇的，税率为 5%

　　B. 海关对进口产品代征增值税、消费税的，

不征收城市维护建设税

C. 城市维护建设税的计税依据不包括境外单位和个人向境内销售劳务、服务、无形资产，向税务机关缴纳的增值税税额

D. 纳税人直接缴纳增值税、消费税的，在缴纳增值税、消费税地缴纳城市维护建设税

22. 下列各项中，属于车辆购置税应税行为的有（　　）。

A. 债务人以应税车辆抵债

B. 进口自用应税车辆

C. 经销商经销应税车辆

D. 获奖自用应税车辆

23. 下列各项中，免征车船税的有（　　）。

A. 捕捞渔船

B. 悬挂应急救援专用号牌的国家综合性消防救援车辆

C. 救护车

D. 警用车船

24. 下列各项中，关于车船税减免税优惠政策的表述正确的有（　　）。

A. 按照规定缴纳船舶吨税的机动船舶，自《中华人民共和国车船税法》实施之日起5年内免征车船税

B. 外国驻华使馆的车船免征车船税

C. 经批准临时入境的香港特别行政区的车船，不征收车船税

D. 武装警察部队专用的车船，免征车船税

25. 关于契税的计税依据，下列表述正确的有（　　）。

A. 契税的计税依据不含增值税

B. 土地使用权出售的，以评估价格为计税依据

C. 以协议方式出让的，其契税计税价格为成交价格

D. 买卖已装修的房屋，其契税计税依据中应包括装修费用

26. 下列选项中，属于船舶吨税税收优惠的是（　　）。

A. 应纳税额是人民币50元以下的船舶免税

B. "吨税执照"期满后24小时内不上下客货的船舶免税

C. 军队、武装警察部队专用或者征用的船舶免税

D. 自境外以购买、受赠、继承等方式取得船舶所有权的进口到港的空载船舶

27. 下列选项中，符合耕地占用税税收优惠的有（　　）。

A. 军事设施占用耕地免征耕地占用税

B. 社会福利机构占用耕地免征耕地占用税

C. 农田水利占用耕地不征收耕地占用税

D. 铁路线路、公路线路、飞机场跑道、停机坪、港口、航道占用耕地，减按2元/平方米的税额征收耕地占用税

28. 根据企业所得税法律制度的规定，下列关于企业所得税纳税期限的表述中，正确的有（　　）。

A. 企业在一个纳税年度中间开业，使该纳税年度实际经营期不足12个月的，应当以其实际经营期为1个纳税年度

B. 企业依法清算时，应当以清算期间作为1个纳税年度

C. 企业所得税按年计征，分月或者分季预缴，年终汇算清缴，多退少补

D. 企业在年度中间终止经营活动的，应当自实际经营终止之日起60日内，向税务机关办理当期企业所得税汇算清缴

29. 根据企业所得税法律制度的规定，下列关于收入确认的表述中，正确的有（　　）。

A. 销售商品采用预收款方式的，在收到预收款时确认收入

B. 销售商品采用托收承付方式的，在办妥托收手续时确认收入

C. 销售商品采用支付手续费方式委托代销的，在收到代销清单时确认收入

D. 销售商品需要安装和检验的，在收到款项时确认收入

30. 根据个人所得税法律制度的规定，下列收入中，按照"劳务报酬所得"项目缴纳个人所得税的有（　　）。

A. 技术服务收入

B. 提供商标权的使用权取得的收入

C. 法律服务收入　　　　　　　　　D. 设计服务收入

三、判断题

1. 增值税扣缴义务发生时间为纳税人增值税纳税义务发生的当天。（　）
2. 无商业价值的广告品及货样，经海关审核无误后可以免征关税。（　）
3. 纳税人自产自用应税车辆的计税价格，按照纳税人生产的同类应税车辆的销售价格加上增值税税款。（　）
4. 对由于减免增值税、消费税而发生退税的，已征收的城市维护建设税不予退还。（　）
5. 城市维护建设税的计税依据包括进口增值税。（　）
6. 纳税人外购货物因管理不善丢失的，该外购货物的增值税进项税额不得从销项税额中抵扣。（　）
7. 增值税纳税人的销售额未达到起征点的，免征增值税。（　）
8. 根据增值税法律制度的规定，卫星电视信号落地转接服务属于增值电信服务。（　）
9. 日化厂将自产的高档保湿精华移送生产普通日用护肤品，移送时应当缴纳消费税。（　）
10. 雪茄烟适用从价定率和从量定额相结合的复合计征办法征收消费税。（　）
11. 居民企业的企业所得税税率为20%，小型微利企业的企业所得税税率为15%。（　）
12. 中国居民张某在境外工作，只就来源于中国境外的所得征收个人所得税。（　）
13. 从事符合条件的环境保护、节能节水项目的所得，适用两免三减半的政策征收企业所得税。（　）
14. 建设直接为农业生产服务的生产设施占用税法规定的农用地，不征收耕地占用税。（　）
15. 关税完税价格是海关计征关税使用的计税价格，是海关以进出口货物实际成交价为基础审定的完税价格。（　）
16. 企业在一个纳税年度中间开业，或者终止经营活动，使该纳税年度实际经营期不足12个月的，应当以实际经营期为1个纳税年度。（　）
17. 进口货物适用的关税税率是以进口货物原产地为标准的。（　）
18. 私营企业进口残疾人专用的物品免征增值税。（　）
19. 一般纳税人提供的公共交通运输服务，可以选择适用简易计税方法计缴增值税。（　）
20. 证券交易印花税对证券交易的出让方征收，不对受让方征收。（　）
21. 合伙企业的自然人合伙人，为个人所得税的纳税人。（　）
22. 以划拨方式取得土地使用权的，经批准转让房地产时，由房地产转让者补交契税。（　）
23. 个人取得的住房转租收入，应按"财产转让所得"征收个人所得税。（　）
24. 城市维护建设税的计税依据，是指纳税人依法实际缴纳的增值税、消费税税额。（　）
25. 纳税人应当自纳税义务发生之日起60日内申报缴纳车辆购置税。（　）
26. 个人出版画作取得的所得，应按"劳务报酬所得"项目计缴个人所得税。（　）
27. 采取委托银行收款方式销售货物的，增值税纳税义务发生时间是银行收到货款的当天。（　）
28. 耕地占用税的纳税义务人是占用耕地建房或者从事非农业建设的单位或者个人。（　）
29. 吨税纳税义务发生时间为应税船舶进入港口的当日。（　）
30. 应税船舶负责人应当自海关填发吨税缴款凭证之日起15日内缴清税款。（　）

四、计算题

1. 假设2022年中国境内甲公司职员李某全年收支情况如下。

（1）全年取得工资、薪金收入360 000元，按照规定缴纳"三险一金"56 250元，独生女小学教育支出80 000元，赡养老人支出60 000元，个人在职读博支出50 000元。

（2）出租住房每月取得不含增值税租金收入7 000元，缴纳可以税前扣除的相关税费200元，无维修支出。

（3）购买体育彩票中奖60 000元，发生领奖交通费支出200元，并将其中10 000元直接捐赠给甲小学。

已知：李某在2022年每月享受子女教育专项附加扣除1 000元，赡养老人专项附加扣除1 000元，继续教育专项附加扣除400元；对个人出租住房取得的所得暂减按10%的税率征收个人所得税，每次收入4 000元以上的，减除20%的费用；偶然所得适用20%的税率。综合所得个人所得税税率如下：全年应纳税所得额超过144 000元至300 000元的部分，适用20%的税率，速算扣除数为16 920元。

根据上述材料，回答下列问题。

①计算李某2022年全年综合所得应纳税额。

②计算李某2022年出租住房租金收入每月应当缴纳的个人所得税。

③计算李某购买体育彩票中奖所得应当缴纳的个人所得税。

2. 某非居民企业未在我国境内设立机构、场所，2022年发生与我国境内相关的业务如下。

（1）以经营租赁的方式出租一批设备给我国境内A企业，取得不含税租金收入200万元。

（2）为我国境内的B企业提供担保服务，取得不含税担保费收入30万元。

（3）转让以前年度购进的我国境内的土地使用权给境内C企业，取得收入1 000万元，转让时该土地的账面价值为800万元，计税基础为700万元。

（4）以融资租赁的方式，出租一套设备给我国境内的D企业，共收取租金300万元，2022年12月租赁到期，D企业另支付10万元取得了设备的所有权，已知该套设备的价款为150万元。

要求：根据上述资料，回答下列问题。

①计算A企业应代扣代缴该非居民企业的企业所得税。

②计算B企业应代扣代缴该非居民企业的企业所得税。

③计算C企业应代扣代缴该非居民企业的企业所得税。

④计算D企业应代扣代缴该非居民企业的企业所得税。

3. 某公司为增值税一般纳税人，专门从事认证服务。2022年6月发生如下业务。

（1）6日，取得某项认证服务收入265万元，开具增值税专用发票，价税合计为265万元。

（2）8日，购进一台经营用设备，取得增值税专用发票上注明金额50万元，增值税为6.5万元；支付运输费，取得增值税专用发票上注明金额为1万元，增值税为0.09万元。

（3）10日，支付广告服务费，取得增值税专用发票上注明金额20万元，增值税为2.6万元。

（4）18日，销售自己使用过的2007年1月1日以前购进的一台固定资产，售价0.412万元（不开具专用发票）。购进该固定资产时不得抵扣且未抵扣过的进项税额。

已知：增值税税率为6%，征收率为3%。

要求：根据上述资料，回答下列问题。

①计算该公司当期增值税销项税额。

②计算该公司当期增值税进项税额。

③计算该公司转让固定资产应缴纳的增值税。

④计算该公司当期增值税应纳税额。

综合测试（三）

一、单选题

1. 根据增值税法律制度的规定，下列各项中，属于"金融服务——贷款业务"的是（　　）。
   A. 资金结算　　B. 账户管理
   C. 金融支付　　D. 融资性售后回租

2. 根据增值税法律制度的规定，下列各项中，应征收增值税的是（　　）。
   A. 商业银行提供直接收费金融服务收取的手续费
   B. 物业管理单位代收的住宅专项维修资金
   C. 被保险人获得的保险赔付
   D. 存款人取得的存款利息

3. 根据烟叶税法律制度的规定，下列属于烟叶税纳税人的是（　　）。
   A. 生产烟叶的个人
   B. 收购烟叶的单位
   C. 销售香烟的单位
   D. 消费香烟的个人

4. 2022年2月1日，甲公司与乙公司签订了买卖电脑的合同，双方约定总价款为80万元。3日，甲公司就80万元货款全额开具了增值税专用发票。10日，甲公司收到乙公司第一笔货款45万元。25日，甲公司收到乙公司第二笔货款35万元。根据增值税法律制度的规定，甲公司增值税纳税义务发生时间为（　　）。
   A. 1月8日　　B. 2月3日
   C. 2月10日　　D. 2月25日

5. 根据增值税法律制度的规定，下列各项中，应按照"生活服务"税目计缴增值税的是（　　）。
   A. 文化创意服务　　B. 车辆停放服务
   C. 广播影视服务　　D. 旅游娱乐服务

6. 根据增值税法律制度的规定，一般纳税人销售的下列货物中，适用9%增值税税率的是（　　）。
   A. 钢材　　B. 文具盒
   C. 杂粮　　D. 蔬菜罐头

7. 甲汽车专卖店购入小汽车（非新能源车辆）12辆，下列行为中应当由甲汽车专卖店作为纳税人缴纳车辆购置税的是（　　）。
   A. 将其中6辆销售给客户
   B. 将其中2辆作为董事长、总经理的专用轿车
   C. 将其中1辆赠送乙企业
   D. 库存3辆尚未售出

8. 根据增值税法律制度的规定，一般纳税人发生的下列业务中，允许开具增值税专用发票的是（　　）。
   A. 农业生产者销售的自产农产品
   B. 百货商店向小规模纳税人零售服装
   C. 家电商场向消费者个人销售电视机
   D. 商贸公司向一般纳税人销售办公用品

9. 甲首饰店为增值税一般纳税人，2022年1月采取"以旧换新"方式销售一批金项链。该批金项链含增值税价款为240 000元，换回的旧项链作价200 000元，甲首饰店实际收取差价款40 000元。已知增值税税率为13%。甲首饰店当月该笔业务增值税销项税额的下列计算中，正确的是（　　）。
   A. 240 000÷（1＋13%）×13%＝27 610.62（元）
   B. 200 000÷（1＋13%）×13%＝23 008.85（元）
   C. 240 000×13%＝31 200（元）
   D. 40 000÷（1＋13%）×13%＝4 601.77（元）

10. 根据增值税法律制度的规定，下列行为中，应按照"销售不动产"税目计缴增值税的是（　　）。
    A. 将建筑物广告位出租给其他单位用于发布

广告

B. 销售底商（建筑物底层商铺）

C. 转让高速公路经营权

D. 转让国有土地使用权

11. 以关税特定减免税方式进口的机动车辆，海关监管的年限为（　　）年。

A. 6　　　　　　　B. 8

C. 10　　　　　　D. 3

12. 根据企业所得税法律制度的规定，下列各项中，属于免税收入的是（　　）。

A. 企业转让股权取得的收入

B. 事业单位从事营利性活动取得的收入

C. 纳入预算管理的事业单位取得的财政拨款

D. 企业购买国债取得的利息收入

13. 纳税人经营不同税率应税消费品，其税率运用正确的是（　　）。

A. 未分别核算不同税率消费品的，从低适用税率计算消费税

B. 分别核算不同税率消费品的，从高适用税率计算应纳消费税

C. 将不同税率消费品组成套装销售，分别核算各自销售额，分别按各自适用税率计算应纳税额

D. 将不同税率消费品组成套装销售，从高适用税率计算应纳税额

14. 下列各项中，关于消费税税率的相关规定说法正确的有（　　）。

A. 对卷烟、白酒征收消费税时，采用定额税率和比例税率双重征收形式

B. 将不同税率应税消费品或应税消费品与非应税消费品组成套装销售，分别核算的，分别计税，未分别核算的，从高计税

C. 消费税税率的调整由地方税务机关自行决定

D. 卷烟的税率统一为36%

15. 下列说法中，符合车辆购置税计税依据相关规定的是（　　）。

A. 进口自用的应税小汽车的计税价格包括关税完税价格和关税，不包括消费税

B. 底盘和发动机同时发生更换的车辆，计税依据为最新核发的同类型车辆最低计税价格

C. 销售汽车纳税人代收的保险费，不应计入计税依据中征收车辆购置税

D. 销售单位开展优质销售活动开票收取的有关费用，应作为价外收入计算征收车辆购置税

16. 对原产于与我国签订含有特殊关税优惠条款贸易协定国家或地区的进口货物，按（　　）征收关税。

A. 最惠国税率　　B. 协定税率

C. 特惠税率　　　D. 普通税率

17. 从量定额征收的资源税的计税依据是（　　）。

A. 应税产品的销售数量

B. 实际开采的数量

C. 应税产品的销售额

D. 税务机关核定的数量

18. 以下应缴纳契税的是（　　）。

A. 以高级轿车换取房屋

B. 购买高级轿车

C. 取得国家划拨的土地

D. 等价交换土地使用权

19. 下列出口业务中，不属于消费税出口免税但不退税政策的有（　　）。

A. 化妆品生产企业出口的自产化妆品

B. 外贸企业购进后直接出口的实木地板

C. 汽车制造厂出口自产的小汽车

D. 汽车制造厂委托外贸企业代理出口自产的小汽车

20. 根据印花税的法律制度规定，下列关于印花税的减免税政策，说法不正确的是（　　）。

A. 已缴纳印花税的凭证抄本作为正本使用的，应另行贴花

B. 对与高校学生签订的高校学生公寓租赁合同，免征印花税

C. 经县级以上人民政府及企业主管部门批准改制的企业因改制签订的产权转移书据，要照章缴纳印花税

D. 对改造安置住房经营管理单位、开发商与改造安置住房相关的印花税以及购买安置住房的个人涉及的印花税予以免征

21. 由纳税人直接负担，不易转嫁的税种是直接税。下列税种中，属于直接税的是（　　）。

A. 增值税　　　B. 消费税
C. 房产税　　　D. 企业所得税

22. 我国的税种分为流转税、所得税、财产税、资源税和行为税等，这是按照（　　）分类的。
A. 征税对象不同　　B. 纳税期限不同
C. 税率不同　　　　D. 税目不同

23. （　　）是指税法中规定的征税对象的具体项目，是征税的具体根据，它规定了征税对象的具体范围。
A. 税目　　　　B. 税率
C. 纳税额　　　D. 纳税方式

24. 下列各项中，关于房产税纳税义务发生时间的表述不正确的是（　　）。
A. 纳税人出租房产，自交付出租房产次月起缴纳房产税
B. 纳税人自行新建房屋用于生产经营，自建成之月起缴纳房产税
C. 纳税人将原有房产用于生产经营，从生产经营之月起缴纳房产税
D. 房地产开发企业自用本企业建造的商品房，自房屋使用次月起缴纳房产税

25. 自行申报缴纳个人所得税的个体工商户，应向（　　）主管税务机关申报。
A. 收入来源地
B. 实际经营所在地
C. 税务机关指定地
D. 个人户籍所在地

26. 下列关于车船税的说法，正确的是（　　）。
A. 挂车按照货车税额的 50% 计算车船税
B. 拖船按照船舶税额的 70% 计算车船税
C. 非机动驳船按照机动船舶税额的 60% 计算车船税
D. 车辆整备质量尾数在 0.5 吨以下的不计算车船税

27. 根据车船税法律制度规定，以下不属于车船税征税范围的有（　　）。
A. 用于耕地的拖拉机
B. 用于接送员工的客车
C. 用于休闲娱乐的游艇
D. 供企业经理使用的小汽车

28. 下列车船中，应计算缴纳车船税的是（　　）。
A. 电动自行车
B. 租入的外国籍车辆
C. 公安机关的专用车船
D. 救护车

29. 关于车船税纳税期限说法正确的是（　　）。
A. 对于进口机动车，购买日期以报关进口当日为准
B. 对于在国内购买的机动车，购买日期以取得车辆的日期为准
C. 车船税纳税义务发生时间为取得车船所有权或者管理权的当月
D. 对于购买的船舶，以购买船舶的发票或者其他证明文件所载日期的次月为准

30. 根据船舶吨税法律制度的规定，应税船舶负责人应当自海关填发吨税缴款凭证之日起一定期限内缴纳税款。该期限是（　　）日。
A. 30　　　　B. 3
C. 15　　　　D. 10

二、多选题

1. 税务会计的特点包括（　　）。
A. 法律性　　　B. 广泛性
C. 统一性　　　D. 独立性

2. 以下属于税法要素的有（　　）。
A. 纳税义务人　　B. 征税对象
C. 税目　　　　　D. 税率

3. 根据企业所得税法律制度的规定，下列依照中国法律、行政法规成立的公司、企业中，属

于企业所得税纳税人的有（　　）。

A. 国有独资公司

B. 合伙企业

C. 一人有限责任公司

D. 股份有限公司

4. 下列各项中，属于我国现行税收法律制度规定适用的税率形式有（　　）。

A. 全额累进税率　　B. 定额税率

C. 比例税率　　　　D. 超率累进税率

5. 依据企业所得税法律制度规定，下列对所得来源地的确定，正确的有（　　）。

A. 提供劳务所得，按照劳务发生地确定

B. 不动产转让所得，按照不动产所在地确定

C. 动产转让所得，按照转让动产的企业或者机构、场所所在地确定

D. 股息、红利等权益性投资所得，按照分配所得的企业所在地确定

6. 下列各项中，可以免征或暂免征收个人所得税的有（　　）。

A. 军人的复员费

B. 个人举报、协查各种违法、犯罪行为获得的奖金

C. 个人转让自用达5年以上，并且是唯一的家庭生活用房所得

D. 职工加班补助费

7. 下列各项中，关于车船税的税务处理方法符合车船税法律规定的有（　　）。

A. 客货两用车依照货车的计税单位和年基准税额计征车船税

B. 境内单位租入外国籍船舶的，免征车船税

C. 节约能源车辆及新能源车辆，均可以免征车船税

D. 依法不需要办理登记的车船，车船税的纳税地点为车船的所有人或管理人所在地

8. 下列各项所得中，适用20%个人所得税税率的有（　　）。

A. 经营所得

B. 财产租赁所得

C. 财产转让所得

D. 利息、股息、红利所得

9. 下列关于印花税贴花的说法，正确的有（　　）。

A. 签订应税凭证后，自凭证生效之日起贴花

B. 凡多贴印花税票者，不得申请退税或者抵扣

C. 印花税票应贴在应纳税凭证上，由纳税人注销或画销

D. 已经贴花的凭证，凡修改后所载金额增加的，应就增加的部分补贴印花

10. 下列各项中，应按"利息、股息、红利所得"项目征收个人所得税的有（　　）。

A. 以合伙企业名义对外投资分回利息

B. 个人取得的国债转让所得

C. 个人独资企业业主用企业资金进行个人消费部分

D. 职工以股份形式取得的企业量化资产参与企业分配获得的股息、红利

11. 下列税种中，由税务局负责征收和管理的有（　　）。

A. 房产税　　　　B. 印花税

C. 关税　　　　　D. 个人所得税

12. 下列项目中，可以减免印花税的有（　　）。

A. 国务院批准改制中的上市公司国有股权无偿转让合同

B. 饮用水工程运营管理单位为建设饮用水工程取得土地使用权而签订的产权转移数据

C. 国际金融组织向我国提供优惠贷款订立的借款合同

D. 经县级以上人民政府及企业主管部门批准改制的企业因改制签订的产权转移书据

13. 资源税纳税义务人销售应税产品，采取除分期收款和预收货款以外结算方式的，其纳税义务发生时间为（　　）。

A. 销售合同规定收款日期的当天

B. 收讫销售款的当天

C. 发出应税产品的当天

D. 取得索取销售款凭据的当天

14. 下列关于房产税税收优惠的说法，正确的有（　　）。

A. 损毁不堪居住的房屋和危险房屋，经有关部门鉴定，在停止使用后可免征房产税

B. 高校学生公寓免征房产税
C. 军队空余房产租赁收入暂免征房产税
D. 老年服务机构自用的房产暂免征房产税

15. 烟叶税的征税范围包括（　　）。
A. 采摘烟叶　　B. 晾晒烟叶
C. 烤烟叶　　　D. 烟丝

16. 下列各项中，关于烟叶税的说法正确的有（　　）。
A. 烟叶税征收范围是种植的烟叶
B. 烟叶税纳税人为收购烟叶的单位
C. 烟叶税纳税地点是烟叶的收购地
D. 烟叶税纳税义务发生时间为纳税人收购烟叶的当日

17. 根据印花税法律制度的规定，下列各项中，属于印花税纳税人的有（　　）。
A. 立据人
B. 各类电子应税凭证的签订人
C. 立合同人
D. 立账簿人

18. 根据车船税法律制度的规定，下列说法正确的有（　　）。
A. 依法不需要办理登记的车船，应在车船的所有人或者管理人所在地缴纳车船税
B. 在一个纳税年度内，已完税的车船被盗抢，纳税人可以凭有关管理机关出具的证明和完税证明，向纳税人所在地主管税务机关申请退还自被盗次月至该纳税年度终了期间的税款
C. 已缴纳车船税的车船在同一纳税年度办理转让过户的，不另纳税也不退税
D. 车船税按年申报缴纳，具体申报纳税期限由税务局规定

19. 下列关于契税征收管理的说法，正确的有（　　）。
A. 纳税人办理纳税事宜后，征收机关应向纳税人开具契税完税证明
B. 纳税人因房地产开发企业被税务机关列为非正常户，不能取得销售不动产发票的，无法办理契税纳税申报
C. 纳税人应当自纳税义务发生之日起15日内，向征收机关办理申报

D. 纳税义务发生时间是纳税人签订土地、房屋权属转移合同的当天

20. 有关我国耕地占用税的特征，下列表述正确的有（　　）。
A. 耕地占用税实行有地区差别的幅度定额税率
B. 耕地占用税以纳税人实际占用的耕地面积为计税依据
C. 为非农业建设占用集体所有的耕地征收耕地占用税，占用国家所有的耕地不征收耕地占用税
D. 耕地占用税由土地管理部门负责征收

21. 根据城镇土地使用税纳税人的相关规定，下列说法正确的有（　　）。
A. 单位拥有土地使用权的，以单位为纳税人
B. 个人拥有土地使用权的，以个人为纳税人
C. 土地使用权属共有的，以共有各方为纳税人
D. 土地使用权属未确定的，以实际使用人为纳税人

22. 下列用地免征城镇土地使用税的有（　　）。
A. 为社区提供养老、托育、家政等服务的机构自有或其通过承租、无偿使用等方式取得并用于提供社区养老、托育、家政服务的土地
B. 非营利性老年服务机构自用土地
C. 专门经营农产品批发市场占用的土地
D. 举行宗教仪式用地和寺庙宗教人员的生活用地

23. 下列各项中，关于城镇土地使用税征收管理的说法正确的有（　　）。
A. 城镇土地使用税按年计算、年终缴纳
B. 纳税人新征用的非耕地，自批准征用次月起缴纳城镇土地使用税
C. 房地产开发企业自用本企业建造的商品房，自房屋使用的次月起缴纳城镇土地使用税
D. 纳税人购置存量房，自房地产权属机关登记签发房屋权属证书的次月起缴纳城镇土地使用税

24. 在吨税执照期限内，应税船舶发生（　　）情形的，海关按照实际发生的天数批注延长吨税执照期限。
A. 军队征用
B. 武装警察部队征用
C. 县以上人民政府征用

D. 修理的船舶并不上下客货

25. 下列选项中,不征或免征收土地增值税的有( )。

A. 张三从其父亲处继承房地产

B. 红星小学从希望工程基金会处受赠房地产

C. 某公司拥有的房地产经资产评估机构评估,增值了 100 万元

D. 甲公司的一项土地使用权被国家征用,因此甲公司取得了 1 000 万元的收入

26. 下列各项中,免征土地增值税的有( )。

A. 转让旧房作为保障性住房且增值额未超过扣除项目金额 20%

B. 因国家建设需要被政府征用、收回的房地产

C. 建造普通标准住宅出售,增值额未超过扣除项目金额 20%

D. 转让旧房作为公共租赁住房房源且增值额未超过扣除项目金额 20%

27. 以下各项中,关于城市维护建设税税收优惠的说法正确的有( )。

A. 海关对进口产品代征的增值税、消费税,不征收城市维护建设税

B. 对出口产品退还增值税、消费税的,同时退还城市维护建设税

C. 城市维护建设税原则上不单独减免,但因城市维护建设税具有附加税性质,所以当主税发生减免时,城市维护建设税相应发生税收的减免

D. 对国家重大水利工程建设基金免征城市维护建设税

28. 下列各项中,关于消费税计税价格核定权限的说法正确的有( )。

A. 卷烟的计税价格由财政部核定

B. 卷烟的计税价格由国家税务总局核定

C. 小汽车的计税价格由省级国家税务局核定

D. 高档化妆品的计税价格由省、自治区和直辖市的国家税务局核定

29. 白酒生产企业销售自产白酒时向购买方收取的下列款项中,应并入销售额计征消费税的有( )。

A. 包装物押金　　B. 延期付款利息

C. 品牌使用费　　D. 包装费

30. 下列各项中,关于增值税计税销售额的说法正确的有( )。

A. 房地产企业一般纳税人销售房地产的销售额为全部销售收入

B. 贷款服务的销售额为利息及利息性质的收入全额

C. 金融商品转让,以卖出时取得的全部收入为销售额

D. 一般纳税人提供客运场站服务,以其取得的全部价款和价外费用,扣除支付给承运方运费后的余额为销售额

三、判断题

1. 税务会计目标是财务会计目标在税务会计领域的具体表现。( )

2. 纳税义务发生时间,是指应税行为发生的时间。( )

3. 税法规定的起征点是对纳税对象中的一部分给予减免,只就减除后剩余的部分计征税款。( )

4. 对出口产品退还增值税、消费税的,应同时退还已缴纳的城市维护建设税。( )

5. 财产税类包括房产税、契税、关税等。( )

6. 纳税地点不属于税法的构成要素。( )

7. 根据营业税改征增值税的相关规定,卫星电视信号落地转接服务,属于增值电信服务。( )

8. 增值税应当由卖方承担。( )

9. 纳税人采取以旧换新方式销售金银首饰,应按照其实际收取的不含增值税的全部价款征收

增值税。（ ）

10. 增值税起征点的适用范围限于个人，且不适用于登记为一般纳税人的个体工商户。（ ）

11. 根据《中华人民共和国增值税暂行条例》的规定，申报进入中华人民共和国海关境内的货物，均应缴纳增值税。（ ）

12. 增值税纳税人申报必须当月完成。（ ）

13. 购进中轻型商用客车整车改装生产的汽车，不征收消费税。（ ）

14. 消费税的纳税人，是指在中华人民共和国境内生产、委托加工和进口应税消费品的单位和个人，以及从事卷烟批发和金银首饰零售业务的单位和个人。（ ）

15. 消费税是对我国境内从事生产、委托加工和进口应税消费品的单位及个人，就其销售额或销售数量征收的一种税。（ ）

16. 我国的消费税属于价内税。（ ）

17. 用自产的应税消费品连续生产应税消费品，在计征消费税时，可以按当期生产领用数量计算准予扣除的应税消费品已纳消费税税款。（ ）

18. 纳税人进口应税消费品，应当自海关填发海关进口消费税专用缴款书之日起15日内缴纳税款。（ ）

19. 委托加工应税消费品的，消费税应由委托方向受托方所在地主管税务机关申报纳税。（ ）

20. 居民企业无须就其来源于中国境外的所得缴纳企业所得税。（ ）

21. 在中国境内未设立机构、场所的非居民企业，其来源于中国境内的所得减按10%的税率征收企业所得税。（ ）

22. 个人所得税自行申报的，其申报地点一般应为所得支付地的主管税务机关。（ ）

23. 烟叶税是以烟叶为课税对象，按烟叶收购金额的一定比例征收的一种农业特产税。（ ）

24. 烟草制品一律采用复合计税方式征收消费税。（ ）

25. 农村居民在规定标准内占用耕地新建自用住宅，可以免征耕地占用税。（ ）

26. 某农场占用苗圃修建水渠用于灌溉，不缴纳耕地占用税。（ ）

27. 新购车辆缴纳车辆购置税当年，不必缴纳车船税。（ ）

28. 城市维护建设税的计税依据，是纳税人当期应缴的增值税、消费税税额。（ ）

29. 契税以在中华人民共和国境内转移土地、房屋权属为征税对象。（ ）

30. 国家机关承受房屋用于办公，免征契税。（ ）

四、计算题

1. 某进出口贸易有限公司从法国进口冷冻整鸡2 000千克，以1.95美元/千克CIF到岸价格条件成交，买方自行向其购货代理人支付佣金200美元。

经查，冷冻整鸡税目税号，按从量税征收进口关税，最惠国税税率为1.30元/千克，增值税税率为13%，该商品无进口环节消费税，海关计征汇率为1美元=7.20元人民币。

已知：经海关审定以成交价格作为完税价格征收进口关税和进口环节增值税。

试计算，该批冷冻整鸡应总计缴纳多少进口税费？

2. 小汽车生产企业甲为增值税一般纳税人，2022年4月相关业务如下。

（1）销售100辆电动小汽车，不含税销售价格为18万元/辆，款项已收讫。

（2）将80辆A型燃油小汽车以物易物方式与物资公司乙换取生产资料，A型燃油小汽车曾以不含税销售价格26万元/辆、30万元/辆进行销售。

（3）3月以托收承付方式销售100辆B型燃油小汽车给贸易公司丙，不含税销售价格为15万元/辆，本月发出100辆并办妥托收手续。当月丙贸易公司将上述100辆小汽车全部出口，海关审定的离岸价格为14万元/辆。

已知：A型燃油小汽车消费税税率5%，B型小汽车消费税税率3%。

根据上述资料回答问题，如有计算需计算出合计数。

①计算业务（1）甲企业应缴纳的消费税。
②计算业务（2）甲企业应缴纳的消费税。
③计算业务（3）甲企业应缴纳的消费税。
④判断丙贸易公司能否享受出口免税并退还消费税政策，如能享受该政策请计算应退税额。

3.某首饰商城为增值税一般纳税人，金银首饰零售环节消费税税率为5%，金银首饰的成本利润率为6%。2021年8月发生以下业务。

（1）零售金银首饰与镀金首饰组成的套装礼盒，取得收入40.25万元，其中金银首饰收入27万元，镀金首饰收入13.25万元。

（2）采取"以旧换新"方式向消费者销售金项链1100条，新项链零售价0.26万元/条，旧项链作价0.21万元/条，项链取得差价款0.05万元/条。

（3）接受消费者带料加工黄金首饰，消费者提供黄金成本26万元，取得个人支付的含税加工费收入4.52万元（商城无同类首饰价格）。

（4）用500条银基项链抵偿债务，该批项链账面成本为42万元，当月最高零售价0.246万元/条，当月平均销售价格为0.235万元/条。

（5）外购金银首饰一批，取得的普通发票上注明价款400万元；外购镀金首饰一批，取得经税务机关认可的增值税专用发票上注明价款50万元、增值税6.5万元。

根据资料，回答下列问题。

①计算业务（1）销售成套礼盒应缴纳的消费税。
②业务（2）"以旧换新"销售金项链应缴纳的消费税。
③业务（3）带料加工黄金首饰应缴纳的消费税。
④业务（4）用银基项链抵偿债务应缴纳的消费税。
⑤商城8月应缴纳的增值税。

综合测试（四）

一、单选题

1.甲厂为增值税一般纳税人，2021年10月销售食品取得不含增值税价款300万元，另收取包装物押金3万元。已知增值税税率为13%，甲厂当月销售食品应缴纳增值税的下列计算中，正确的是（　　）。

A. $(300+3)÷(1+13\%)×13\%=34.86$（万元）
B. $300÷(1+13\%)×13\%=34.51$（万元）
C. $300×13\%=39$（万元）
D. $[300+3÷(1+13\%)]×13\%=39.35$（万元）

2.根据增值税法律制度的规定，一般纳税人选择简易办法计算缴纳增值税后，在一定期限内不得变更，该期限为（　　）。

A. 12 个月 B. 36 个月
C. 24 个月 D. 18 个月

3. 甲厂为增值税一般纳税人，2021 年 2 月销售化学制品取得含增值税价款 113 万元，当月发生的可抵扣的进项税额 2.1 万元，上月末留抵的进项税额 3 万元。已知增值税税率为 13%，甲厂当月应缴纳增值税税额计算公式为（　　）。

A. $113 \div (1 + 13\%) \times 13\% - 3$

B. $113 \div (1 + 13\%) \times 13\% - 2.1$

C. $113 \times 13\% - 2.1$

D. $113 \div (1 + 13\%) \times 13\% - 2.1 - 3$

4. 根据增值税法律制度的规定，一般纳税人发生的下列业务中，允许开具增值税专用发票的是（　　）。

A. 房地产开发企业向消费者个人销售房屋

B. 商场向小规模纳税人零售食品

C. 百货商店向个人销售红酒

D. 会计师事务所向一般纳税人提供咨询服务

5. 甲公司为增值税一般纳税人，主要提供电信服务。2021 年 11 月，甲公司提供基础电信服务取得不含税销售额 90 万元，提供增值电信服务取得不含税销售额 70 万元。甲公司对不同种类服务的销售额分别进行核算。甲公司当月的销项税额为（　　）万元。

A. 9.2 B. 14.4
C. 9.6 D. 12.3

6. 根据增值税法律制度的规定，下列各项中，应按照"销售服务——建筑服务"税目计缴增值税的是（　　）。

A. 平整土地 B. 出售住宅
C. 出租居民楼 D. 转让土地使用权

7. 对下列增值税应税行为计算销项税额时，按照全额确定销售额的是（　　）。

A. 贷款服务

B. 金融商品转让

C. 一般纳税人提供客运场站服务

D. 经纪代理服务

8. 某经营进口汽车的汽车销售公司于 2021 年 4 月直接从甲国进口一辆自用的小轿车，经报关地口岸海关对有关报关资料审查确定，关税完税价格为 284 000 元，海关征收关税 26 800 元，并按增值税、消费税有关规定分别缴纳进口增值税 44 400 元、消费税 30 738.46 元。该公司应纳车辆购置税（　　）元。

A. 18 400 B. 36 800
C. 34 153.85 D. 40 000

9. 根据企业所得税法律制度的规定，扣缴义务人每次代扣的税款，应当自代扣之日起（　　）日内缴入国库。

A. 7 B. 10
C. 15 D. 5

10. 下列属于企业所得税免税收入的是（　　）。

A. 财政拨款 B. 行政事业性收费
C. 政府性基金 D. 国债利息收入

11. 下列各项支出中，可以在计算企业所得税应纳税所得额时扣除的是（　　）。

A. 税收滞纳金

B. 合理的劳动保护支出

C. 向投资者支付的股息

D. 内设营业机构之间支付的租金

12. 关于税法的特点，下列说法正确的是（　　）。

A. 从法律性质看，税法属于授权法

B. 从立法内容看，税法具有单一性

C. 从立法过程看，税法属于制定法

D. 从立法形式看，税法属于行政法规

13. 下列计算公式正确的是（　　）。

A. 应纳税所得额 = 收入总额－免税收入－各项扣除－以前年度亏损

B. 应纳税所得额 = 收入总额－不征税收入－免税收入－各项扣除

C. 应纳税所得额 = 收入总额－不征税收入－各项扣除

D. 应纳税所得额 = 收入总额－不征税收入－免税收入－各项扣除－以前年度亏损

14. 2021 年某居民企业（非小型微利企业）向主管税务机关申报应税收入总额 120 万元，成本费用总额 127.5 万元，全年亏损 7.5 万元。经税务机关检查，成本费用总额核算准确，但收入总额不能确定。税务机关对该企业采取核定征收办法，企业所得税率为25%。2021年度该企业应缴纳企业所得税（　　）万元。

A. 10.63　　　　B. 10.07

C. 10.15　　　　D. 10.5

15. 纳税人收购烟叶实际支付价款总额包括纳税人支付给烟叶生产销售单位和个人的烟叶收购价款与价外补贴。其中，价外补贴统一按烟叶收购价款的（　　）计算。

A. 10%　　　　B. 20%

C. 5%　　　　　D. 30%

16. 下列各项中，关于企业所得税税前可扣除的工资及福利费表述不正确的是（　　）。

A. 企业因临时雇佣季节工实际发生的费用，应区分为工资、薪金支出和福利费支出

B. 失业保险及生育保险应计入工资、薪金当中

C. 丧葬补助费、抚恤费应计入福利费

D. 供暖费补贴、职工防暑降温费应计入福利费

17. 下列各项中，关于个体工商户生产、经营所得征收个人所得税的说法不正确的是（　　）。

A. 个体工商户按规定缴纳的摊位费不得在税前扣除

B. 个体工商户将其所得经中国境内政府部门向贫困地区捐赠的，捐赠额不超过其应纳税所得额30%的部分可以据实扣除

C. 个体工商户发生的合理劳动保护支出，准予扣除

D. 个体工商户为研究开发新产品、新技术购置的测试仪器单台价值在10万元以下的，可以直接在税前扣除

18. 居民个人取得的下列所得中，应按"综合所得"缴纳个人所得税的是（　　）。

A. 提供著作权的使用权所得

B. 转让有价证券所得

C. 出租居住用房所得

D. 福利彩票中奖所得

19. 以下各项所得中，不属于经营所得的是（　　）。

A. 个人从事彩票代销业务所得

B. 个人对企事业单位承包、承租经营后，工商登记改变为个体工商户的，承包、承租所得

C. 个人对企事业单位承包、承租经营后，工商登记仍为企业的，承包、承租人对企业经营成果不拥有所有权，仅按合同规定固定所得

D. 从事个体出租车运营的出租车驾驶员所得

20. 目前我国城市维护建设税的税率实行的是（　　）的方法。

A. 纳税人所属行业差别比例税率

B. 纳税人所在地差别比例税率

C. 纳税人所属行业累进税率

D. 纳税人所在地统一累进税率

21. 根据烟叶税的有关规定，下列说法正确的是（　　）。

A. 收购烟叶的单位和个人为烟叶税纳税人

B. 烟叶税的征税对象是指生烟叶和熟烟叶

C. 烟叶税实行比例税率，税率为20%

D. 烟叶税应向收购单位的机构所在地缴纳

22. 下列各项中，关于资源税的说法不正确的是（　　）。

A. 对出口的应税产品照章征收资源税

B. 开采原油过程中用于加热的原油免征资源税

C. 对深水油气田资源税减按30%征收

D. 纳税人开采或者生产应税产品过程中，因自然灾害遭受重大损失的，由省、自治区、直辖市人民政府酌情决定减征或者免征资源税

23. 下列各项中，关于房产税纳税义务发生时间说法错误的是（　　）。

A. 将原有房产用于生产经营，从生产经营之月起

B. 新建房屋用于生产经营，从建成次月起

C. 购置存量房，自签发房屋权属证书次月起

D. 出租房产，自交付出租房产之月起

24. 在进口货物正常成交价格中包含的（　　）可以从中扣除。

A. 普通税率　　　　B. 协定税率

C. 特惠税率　　　　D. 最惠国税率

25. 根据《中华人民共和国船舶吨税暂行条例》的有关规定，下列各项中，说法不正确的是（　　）。

A. 船舶吨税是对自境外港口进入境内港口的船舶征收的一种税

B. 船舶吨税由地方税务机关负责征收

C. 船舶吨税纳税义务发生时间为应税船舶进入港口的当日

D. 应税船舶负责人应当自海关填发吨税缴款凭证之日起 15 日内向指定银行缴清税款

26. 根据我国关税法律制度的规定，一般贸易项下进口货物的完税价格，是以海关审定的成交价格为基础的（　　）。

　　A. 公允价格　　　　B. 离岸价格
　　C. 到岸价格　　　　D. 货价

27. 根据关税法律制度的规定，一票货物关税税额在人民币一定金额以下的，可以免征关税。该金额是（　　）元。

　　A. 10　　　　　　　B. 30
　　C. 100　　　　　　D. 50

28. 根据规定，船籍国（地区）与中华人民共和国签订含有相互给予船舶税费最惠国待遇条款的条约或者协定的应税船舶，适用（　　）。

　　A. 协定税率　　　　B. 最惠国税率
　　C. 普通税率　　　　D. 优惠税率

29. 纳税人收购烟叶，下列各项中，其烟叶税纳税地点规定正确的是（　　）。

　　A. 应当向烟叶收购地的主管税务机关申报纳税
　　B. 应当向机构所在地的主管税务机关申报纳税
　　C. 应当向烟叶收购地的主管税务机关预缴税款，再向机构所在地的主管税务机关申报纳税
　　D. 纳税人可以选择向机构所在地或烟叶收购地的主管税务机关申报纳税

30. 根据契税法律制度的规定，下列行为中，应征收契税的是（　　）。

　　A. 甲公司出租地下停车场
　　B. 丁公司购买办公楼
　　C. 乙公司将房屋抵押给银行
　　D. 丙公司承租仓库

31. 汽车销售公司销售小汽车的同时向购买方收取的下列款项，可以计入价外费用的是（　　）。

　　A. 代办缴税收取的车辆购置税
　　B. 收取的集资费
　　C. 代办保险收取的保险费
　　D. 代办牌照收取的车辆牌照费

二、多选题

1. 企业发生的下列支出中，在计算企业所得税应纳税所得额时不得扣除的有（　　）。

　　A. 税收滞纳金
　　B. 企业所得税税款
　　C. 计入产品成本的车间水电费用支出
　　D. 向投资者支付的权益性投资收益款项

2. 根据《中华人民共和国企业所得税法》的规定，下列收入中，属于企业所得税不征税收入的有（　　）。

　　A. 财政拨款
　　B. 国债利息收入
　　C. 逾期未退包装物押金收入
　　D. 依法收取并纳入财政管理的政府性基金

3. 下列关于企业所得税的优惠政策中，说法正确的有（　　）。

　　A. 对轻工、纺织、机械、汽车四个领域重点行业企业于 2015 年 1 月 1 日后新购进的固定资产允许税前一次性扣除
　　B. 创投企业采取股权投资方式直接投资初创科技型企业满 2 年的，可以按照其投资额的 70% 在股权持有满 2 年的当年抵扣该创业投资企业应纳税所得额
　　C. 企业综合利用资源，生产符合国家产业政策规定的产品所取得的收入，可以在计算应纳税所得额时减计收入 10%
　　D. 企业安置残疾人员所支付的工资，按支付

给残疾职工工资的 100% 加计扣除

4. 下列各项中，有关个人所得税税收优惠的表述正确的有（　　）。

A. 国债利息和保险赔款免征个人所得税

B. 单张有奖发票奖金所得不超过 800 元（含 800 元）的，暂免征收个人所得税

C. 残疾、孤老人员和烈属的所得可以减征个人所得税

D. 个人投资者持有 2019—2021 年发行的铁路债券，取得利益收入的，减按 50% 计入应纳税所得额计算征收个人所得税

5. 在计算个体工商户生产经营所得应纳的个人所得税时，不允许在个人所得税税前扣除的项目有（　　）。

A. 支付给从业人员的合理工资

B. 分配给投资者的股利

C. 被没收的财物、支付的罚款

D. 个体工商户业主的工资支出

6. 下列各项中，属于居民个人的有（　　）。

A. 在中国境内无住所而一个纳税年度在中国境内居住连续满 183 天的个人

B. 在中国境内有住所的个人

C. 在中国境内无住所而一个纳税年度在中国境内居住累计满 183 天的个人

D. 在中国境内无住所而一个纳税年度在中国境内居住累计不满 183 天的个人

7. 下列选项中，属于实行个人所得税全员全额扣缴申报应纳税所得额范围的有（　　）。

A. 稿酬所得

B. 财产租赁所得

C. 劳务报酬所得

D. 个体工商户经营所得

8. 下列项目所得中，关于全员全额扣缴申报纳税扣缴方法，说法正确的有（　　）。

A. 扣缴义务人向居民个人支付工资、薪金所得时，应当按照累计预扣法计算预扣税款，并按月办理扣缴申报

B. 非居民个人取得工资、薪金所得，劳务报酬所得，稿酬所得和特许权使用费所得，有扣缴义务人的，由扣缴义务人按月或者按次代扣代缴税款，并于年末办理汇算清缴

C. 财产租赁所得以一年内取得的收入为一次

D. 偶然所得以每次取得的该项收入为一次

9. 下列各项中，关于资源税的说法正确的有（　　）。

A. 纳税人应当向应税产品开采地或海盐的生产地缴纳资源税

B. 资源税按月或者按季度申报缴纳

C. 自用应税产品的，纳税义务发生时间为移送应税产品的当日

D. 纳税人按月或者按季度申报缴纳的，应当自月度或季度终了之日起 10 日内，向税务机关办理纳税申报并缴纳税款

10. 下列各项中，关于耕地占用税的税收优惠政策表述正确的有（　　）。

A. 军事设施占用耕地免征耕地占用税

B. 养老院占用耕地减半征收耕地占用税

C. 农村居民占用耕地新建住宅，在规定标准内，按照当地适用税额减半征收耕地占用税

D. 免征或者减征耕地占用税后，纳税人改变原占地用途，不再属于免征或者减征耕地占用税情形的，应当按照当地适用税额补缴耕地占用税

11. 下列各项中，暂免征收房产税的有（　　）。

A. 房管部门按政府规定价格向居民出租的公有住房

B. 文化体育单位出租的公有住房

C. 个人所有的非营业用房

D. 个人对外出租经营的自有住房

12. 以下符合船舶吨税规定的有（　　）。

A. 自中华人民共和国境外港口进入境内港口的船舶，应当缴纳船舶吨税

B. 自中华人民共和国境外港口进入境内港口的中国籍船舶不缴纳船舶吨税

C. 船籍国（地区）与中华人民共和国签订含有相互给予船舶税费最惠国待遇条款的条约或者协定的应税船舶，适用优惠税率

D. 船舶吨税由海关负责征收

13. 按照现行政策规定，下列选项中，不属于房产税征税范围的有（　　）。

A. 某酒店的室外游泳池

B. 农村用于出租的房产

C. 某外商投资企业自用的办公楼

D. 某工厂厂区内独立于其他房产的水塔

14. 应税船舶到达港口前，经海关核准先行申报并办结出入境手续的，应税船舶负责人应当向海关提供与其依法履行吨税缴纳义务相应的担保。下列财产、权利可以用于担保的有（　　）。

A. 支票

B. 非银行金融机构的保函

C. 债券

D. 不可自由兑换的外币

15. 根据规定，应税船舶负责人申领吨税执照时，应向海关提供的文件有（　　）。

A. 船舶吨位证明

B. 船舶国籍证书

C. 海事签发的船舶国籍证书收存证明

D. 船舶负责人身份证明

16. 下列各项中，符合船舶吨税应纳税额计算规定的有（　　）。

A. 净吨位，是指由船籍国（地区）政府签发或者授权签发的船舶吨位证明书上标明的净吨位

B. 应税船舶负责人缴纳船舶吨税或者提供担保后，海关按照其申领的执照期限填发吨税执照

C. 应税船舶在离开港口办理出境手续时，应当交验"吨税执照"

D. 应税船舶负责人申领吨税执照时，不需要提供船舶吨位证明

17. 根据车辆购置税的法律制度规定，下列各项说法正确的有（　　）。

A. 国家税务总局未核定最低计税价格的车辆，计税价格为纳税人提供有效价格证明注明的价格

B. 纳税人未按规定纳税的，回落籍地后提供的购车发票金额与支付的价外费用之和高于核定最低计税价格的，无须补征车辆购置税

C. 销售单位开展优质销售活动开票收取的有关费用，应属于经营性收入，企业在代理过程中按规定支付给有关部门的费用，企业已作为经营性支出列支核算，其收取的各项费用并在一张发票上难以划分的，应作为价外收入计算征收车辆购置税

D. 纳税人未按规定纳税的，不能提供购车发票和有关购车证明资料的，检查地税务机关应按同类型应税车辆的最低计税价格征税

18. 下列各项中，属于契税纳税义务人的有（　　）。

A. 以房屋产权抵债的抵债方

B. 房屋产权赠与中的受赠方

C. 房屋产权交换中多付差价的一方

D. 以房屋产权投资的投资方

19. 下列费用中，应该作为购买自用车辆的计税依据有（　　）。

A. 购买者支付的车辆装饰费

B. 销售方向购买方收取的违约金

C. 使用受托方票据收取的款项

D. 购买者支付的增值税税款

20. 根据车船税的法律制度规定，下列选项中属于法定减免税的有（　　）。

A. 新能源汽车

B. 武装警察部队专用的车船

C. 外国驻华使领馆有关人员使用的车辆

D. 捕捞渔船、养殖渔船

21. 根据车船税的法律制度规定，下列各项属于车船税征税范围的有（　　）。

A. 电动自行车

B. 非机动驳船

C. 机场内部场所使用的车辆

D. 接送职工上下班的班车

22. 下列表述中，关于契税计税依据符合法律制度规定的有（　　）。

A. 受让国有土地使用权的，以成交价格为计税依据

B. 受赠房屋的，由征收机关参照房屋买卖的市场价格核定计税依据

C. 购入土地使用权的，以评估价格为计税依据

D. 交换土地使用权的，以交换土地使用权的价格差额为计税依据

23. 根据契税法律制度的规定，下列各项中，免征契税的有（　　）。

A. 军事单位承受土地用于军事设施

B. 国家机关承受房屋用于办公

C. 纳税人承受荒山土地使用权用于农业生产

D. 城镇居民购买商品房用于居住

24. 下列合同中，应按照"产权转移数据"税目缴纳印花税的有（ ）。

A. 商品房销售合同

B. 专利实施许可合同

C. 股权转让合同

D. 专利申请权转让合同

25. 甲临终前立下遗嘱：将价值为300万元的房产留给妻子乙安度晚年；价值为100万元的房产由独子丁继承；价值为50万元的房产捐赠给一直照顾自己的陪护人员丙。当地契税税率为3%。下列说法正确的有（ ）。

A. 其妻乙无须缴纳契税

B. 其子丁无须缴纳契税

C. 陪护人员丙无须缴纳契税

D. 此事项应缴纳的契税总计1.5万元

26. 税收法定原则的内容包括（ ）。

A. 纳税人法定 B. 征税对象法定

C. 税率法定   D. 纳税期限法定

27. 税务会计的基本目标主要包括（ ）。

A. 满足企业内部经营管理者的需要

B. 满足国家税收管理的需要

C. 满足社会居民的需要

D. 满足其他各有关方的需要

28. 下列各项中，关于税法原则的表述正确的有（ ）。

A. 税收法定原则是税法基本原则的核心

B. 税收效率原则要求税法的制定有利于节约税收征管成本

C. 制定税法时禁止在没有正当理由的情况下给予特定纳税人特别优惠，这一做法体现了税收公平原则

D. 税收行政法规效力优于税收行政规章效力体现了法律优位原则

29. 试点纳税人发生应税销售行为适用不同税率或者征收率未分别核算销售额的，下列说法正确的有（ ）。

A. 兼有不同税率的应税销售行为，从高适用税率

B. 兼有不同征收率的应税行为，从高适用征收率

C. 兼有不同税率和征收率的应税销售行为，从高适用税率

D. 纳税人销售活动板房、机器设备、钢结构件等自产货物的同时提供建筑、安装服务，属于混合销售，应按照销售货物的税率缴纳增值税

30. 境内单位销售的下列服务中，适用零税率的有（ ）。

A. 向境外单位提供的完全在境外消费的软件服务

B. 工程项目在境外的建筑服务

C. 向境外单位提供的完全在境外消费的业务流程管理服务

D. 在境外提供的广播影视节目（作品）的播映服务

三、判断题

1. 现行税种中，以国家法律形式发布实施的有：企业所得税、个人所得税、车船税、环境保护税、烟叶税、船舶吨税、车辆购置税和耕地占用税。除此之外，其他各税种都是经全国人民代表大会授权，由国务院以暂行条例的形式发布实施的。（ ）

2. 中华人民共和国现行税法体系由税收实体法构成。（ ）

3. 确定为征收增值税的混合销售行为或兼营非应税劳务行为，其混合销售或兼营行为中用于非应税劳务的购进货物或者应税劳务的进项税额，可以在计算增值税时从销项税额中抵扣。（ ）

4. 比例税率即征税对象数额越大，税率越高。（ ）

5. 税率是指应纳税额与征税对象之间的比例，是计算应纳税额的尺度，它体现了征税的广度。（ ）

6. 纳税地点是指纳税人依据税法规定向征税机关申报纳税的具体地点。它说明的是纳税人应向哪里的征税机关申报纳税，或哪里的征税机关有权进行税收管辖的问题。（ ）

7. 我国增值税是一个从 2009 年开始征收的新税种。（ ）

8. 增值税是一种以商品（含应税劳务）在流转过程中出售价格作为计税依据征收的流转税。（ ）

9. 所有增值税的税收收入自 2016 年 5 月 1 日起都由中央与地方实行"五五"分成。（ ）

10. 进项税额是指纳税人购进货物或接受应税劳务所支付的增值税税额。（ ）

11. 小规模纳税人增值税应纳税额，应等于应税销售额乘以征收率。（ ）

12. 增值税一般纳税人只能用一般计税方法计算增值税应纳税额。（ ）

13. 小规模纳税人的增值税申报一般为季度申报。（ ）

14. 缴纳增值税的货物不必都缴纳消费税，缴纳消费税的消费品都应缴纳增值税。（ ）

15. 消费税是对在我国境内生产和进口的所有消费品征税。（ ）

16. 消费税的税率包括比例税率和定额税率两类。（ ）

17. 纳税人委托个体经营者或个人加工应税消费品一律于委托方收回后在委托方所在地的主管税务机关缴纳消费税。（ ）

18. 消费税法律制度规定，纳税人委托加工应税消费品，应由受托方在向委托方交货时代扣代缴消费税。（ ）

19. 纳税人进口应税消费品，应当自海关填发海关进口消费税专用缴款书之日起 15 日内缴纳税款。（ ）

20. 企业承包建设国家重点扶持的公共基础设施项目，可以自该承包项目取得第一笔生产经营收入所属纳税年度起，第 1 年至第 3 年免征企业所得税，第 4 年至第 6 年减半征收企业所得税。（ ）

21. 企业的不征税收入用于支出所形成的费用，不得在计算应纳税所得额时扣除；企业的不征税收入用于支出所形成的资产，其计算的折旧、摊销不得在计算应纳税所得额时扣除。（ ）

22. 居民企业无须就其来源于中国境外的所得缴纳企业所得税。（ ）

23. 企业的不征税收入用于支出所形成的费用或者财产，准予在计算应纳税所得额时扣除。（ ）

24. 资源税的纳税义务人是指在中华人民共和国境内开采应税资源的矿产品或者生产盐的单位和个人。（ ）

25. 房屋赠与，契税计税依据为税务机关参照房屋买卖的市场价格依法核定的价格。（ ）

26. 某公立高校将一处原用于教学已免缴契税的教学楼出租给某企业，不需要补缴已经免缴的契税。（ ）

27. 资源税纳税人自用应税产品的，纳税义务发生时间为移送应税产品的当日。（ ）

28. 烟叶税按月计征，纳税人应当于纳税义务发生月终了之日起 10 日内申报并缴纳税款，具体纳税期限由主管税务机关核定。（ ）

29. 委托加工的应税消费品收回后出售的，不论售价高低均不再缴纳消费税。（ ）

30. 酒厂将自产的 5 箱普通白酒移送到厂工会用于奖励先进员工，在移送使用环节不缴纳消费税。（ ）

四、计算题

1. 位于市区的某文创企业为增值税一般纳税人，2022年5月经营业务如下。

（1）提供文创产品设计服务，价税合计954万元，未开具发票。

（2）转让2015年购入的、位于市区的商品房，取得含税金额410万元，购入价200万元，选择简易计税方法。

（3）取得流动资金存款利息收入3万元。

（4）购买燃油小汽车一辆自用，价税合计金额为39.55万元，已取得增值税专用发票。

（5）向境内某公司提供发生在境外的广告服务，取得收入200万元。

（6）员工因公境内出差，取得注明旅客身份信息的航空电子客票行程单，票价4.8万元、燃油附加费0.65万元、民航发展基金0.54万元。

（7）支付信息技术服务费，取得增值税专用发票上注明的价款400万元，税额24万元。

要求：根据以上资料，按下列顺序回答问题，如有计算需计算出合计数。

① 计算业务（1）的销项税额。

② 计算业务（2）中应纳增值税额。

③ 判断业务（3）是否缴纳增值税。

④ 计算业务（4）应缴纳的车辆购置税。

⑤ 判断业务（5）是否缴纳增值税。

⑥ 判断业务（6）是否可以抵扣进项税额。

⑦ 计算该企业5月可以抵扣的进项税额。

⑧ 计算该企业可加计抵减的进项税额。

2. 某油气田（陆上低丰度油气田）原油价格6 000元/吨（不含增值税，下同），天然气2元/立方米。2022年7月，发生下列业务。

（1）开采原油2.5万吨，当月销售2万吨。

（2）油田内部运输加热使用自产原油0.2万吨，将0.3万吨自产原油用于对外投资。

（3）开采天然气70万立方米，当月销售60万立方米，待售10万立方米。原油、天然气的资源税税率均为6%，该企业按照规定税率计算缴纳增值税，当期发生增值税进项税额1 200万元。

要求：根据上述资料回答下列问题。

① 计算业务（1）应缴纳资源税。

② 计算业务（2）应缴纳资源税。

③ 计算业务（3）应缴纳资源税。

3. 王某之子小学在读，2022年3月又生育一女，王某2022年收入和部分支出如下。

（1）每月工资9 000元，含符合国家标准的"三险一金"2 000元。

（2）3月，购买符合个人所得税税前扣除规定的商业健康保险，保费每年4 000元，并于当月向公司提交保险凭证。

（3）4月，通过出版社出版一部图书，税前稿费16 000元。

已知：相关专项附加扣除均由王某100%扣除，王某已向公司提交专项附加扣除资料。

要求：根据上述资料，按照顺序计算回答问题，如有计算需计算出合计数。

① 判断王某能否因2022年3月女儿出生，享受当年度子女教育专项附加扣除，并简要说明理由。

② 王某每年缴纳的5 000元商业健康保险保费能否全额扣除，并简要说明理由。

③ 计算出版社在支付稿酬时应代扣代缴的个人所得税。

综合测试（五）

一、单选题

1. 下列选项中，不属于企业所得税应税收入中转让财产收入的是（　　）。
   A. 转让固定资产　　B. 销售存货
   C. 转让生物资产　　D. 转让股权

2. 下列各项支出中，可在企业所得税税前扣除的是（　　）。
   A. 向投资者支付的股息、红利等权益性投资收益款项
   B. 企业之间支付的管理费
   C. 企业向银行支付的罚息
   D. 非银行企业内营业机构之间支付的利息

3. 居民企业发生的下列各项利息支出，不得在发生当期直接扣除的是（　　）。
   A. 因生产经营需要向关联企业借款且超过关联债资比例部分的利息支出
   B. 固定资产交付使用之后发生的借款利息支出
   C. 银行企业内部营业机构之间支付的利息支出
   D. 固定资产竣工结算后发生的利息支出

4. 某居民企业（非金融企业）于2021年12月31日归还境内关联企业一年期借款本金1 000万元，另支付利息费用80万元，关联企业对该居民企业的权益性投资额为400万元，该居民企业的实际税负高于境内关联企业，同期同类银行贷款年利率为6%。该居民企业2021年在计算应纳税所得额时可以扣除的利息费用为（　　）万元。
   A. 80　　　　　　　B. 48
   C. 32　　　　　　　D. 60

5. 某居民企业2021年度取得产品不含税销售收入6 770万元，当年购买地方政府发行的债券取得利息所得58.5万元，处置投资资产取得净收益102万元，本年发生的成本费用6 283万元，其中广告费158.7万元，上年结转的广告费是112.5万元，假设不存在其他纳税调整项目，本年应缴纳企业所得税（　　）万元。
   A. 161.88　　　　　B. 133.75
   C. 119.13　　　　　D. 147.25

6. 2021年，某居民企业的生产经营资料如下：不含税销售收入1 200万元，不含税视同销售收入400万元，债务重组收益100万元，发生的成本费用总额1 600万元，其中业务招待费支出20万元。假定不存在其他纳税调整事项，2021年度该企业应缴纳企业所得税（　　）万元。
   A. 16.2　　　　　　B. 16.8
   C. 27　　　　　　　D. 28

7. 下列各项所得中，不按"经营所得"项目计征个人所得税的是（　　）。
   A. 个体工商户从事生产、经营活动所得
   B. 个人依法从事办学、医疗、咨询以及其他有偿服务活动所得
   C. 个人独资企业对外投资分回的股息、红利
   D. 个人对企业、事业单位承包经营、承租经营以及转包、转租所得

8. 关于增值税境外旅客购物离境退税政策，下列说法正确的是（　　）。
   A. 退税物品不包括退税商店销售的增值税免税物品
   B. 一次购买金额达到300元可以退税
   C. 退税币种为退税者所在国货币
   D. 境外旅客是指在中国境内居住满365天的个人

9. 下列各项中，应计入城市维护建设税计税依据的是（　　）。
   A. 纳税人被税务机关查补的消费税税款
   B. 纳税人因欠缴税款被加收的滞纳金

· 122 ·

C. 退还的增值税期末留抵税额

D. 纳税人因欠缴税款被处以的罚款

10. 某生产企业为增值税一般纳税人，于2021年12月销售其2019年5月购入的不动产，开具增值税专用发票上注明金额为4 500万元；该不动产与企业在同一县市，购入时取得的增值税专用发票上注明金额为2 300万元、税额为253万元（已抵扣进项税额）；缴纳契税69万元。该企业上述业务增值税销项税额为（　　）万元。

A. 108.71　　　　B. 152

C. 405　　　　　D. 296.29

11. 下列业务属于视同销售应税消费品，应当征收消费税的是（　　）。

A. 商业企业将外购应税消费品直接销售给消费者的

B. 商业企业将外购非应税消费品以应税消费品对外销售的

C. 生产企业将自产应税消费品用于连续生产应税消费品的

D. 生产企业将自产应税消费品用于企业技术研发的

12. 2020年7月，某筷子生产企业生产销售木质一次性筷子取得不含税销售额30万元，其中含包装物销售额0.6万元；销售金属工艺筷子取得不含税销售额50万元；销售竹制一次性筷子取得不含税销售额10万元。该企业当月应缴纳消费税（　　）万元。

A. 1.47　　　　B. 4.5

C. 1.5　　　　　D. 2

13. 关于环境保护税的计税依据，下列说法正确的是（　　）。

A. 应税大气污染物排放量为计税依据

B. 应税固体废物按照固体废物产生量为计税依据

C. 应税噪声以分贝数为计税依据

D. 应税水污染物以污染物排放量折合的污染当量数为计税依据

14. 下列项目中，允许抵扣增值税进项税额的是（　　）。

A. 个人消费的购进货物

B. 纳税人取得增值税电子普通发票的道路通行费

C. 纳税人支付的贷款利息

D. 纳税人购进的娱乐服务

15. 关于房地产开发企业土地增值税的清算，下列说法正确的是（　　）。

A. 对于分期开发的项目，以分期项目为单位进行清算

B. 清算审核方法包括实地审核和通信审核

C. 主管税务机关已受理的清算申请，纳税人可无理由撤销

D. 配套建造的停车库有偿转让的，其成本、费用不得扣除

16. 下列行为中，不免征车辆购置税的是（　　）。

A. 长期来华定居专家进口1辆自用小汽车

B. 购置农用三轮车自用

C. 购置汽车挂车自用

D. 回国服务的在外留学人员用现汇购买1辆个人自用国产小汽车

17. 2021年3月，某生产企业出口自产货物销售额折合人民币2 000万元，内销货物不含税销售额800万元。为生产货物购进材料取得增值税专用发票上注明金额为4 600万元、税额为598万元，已知该企业出口货物适用税率为13%，出口退税率为11%，当月取得的专用发票已勾选抵扣进项税额，期初无留抵税额。该公司当月出口货物应退增值税（　　）万元。

A. 338　　　　B. 454

C. 598　　　　D. 220

18. 关于资源税税率，下列说法正确的是（　　）。

A. 有色金属选矿一律实行幅度比例税率

B. 开采不同应税产品的，未分别核算或不能准确提供不同应税产品的销售额或销售数量的，适用高税率

C. 原油和天然气税目不同，适用税率也不同

D. 具体适用税率由省级人民政府提出，报全国人民代表大会常务委员会决定

19. 关于小规模纳税人增值税的税务处理，下列说法正确的是（　　）。

A. 购进税控收款机支付的增值税不得抵减当

期应纳增值税

B. 计税销售额为不含税销售额

C. 销售使用过的固定资产按照 5% 征收率减按 1.5% 计算应纳税额

D. 购进复印纸可以凭取得的增值税电子普票抵扣进项税额

20. 下列关于增值税汇总纳税的说法，正确的是（　　）。

A. 分支机构预缴税款的预征率由国务院确定，不得调整

B. 总机构汇总的销售额，不包括总机构本身的销售额

C. 总机构汇总的进项税额，为各分支机构发生的进项税额

D. 分支机构发生当期已预缴税款，在总机构当期应纳税额抵减不完的，可以结转下期继续抵扣

21. 以受赠方式取得自用应税车辆时无法提供相关凭证，缴纳车辆购置税的计税价格是参照同类应税车辆的（　　）。

A. 生产企业成本价格

B. 市场最低交易价格

C. 市场最高交易价格

D. 市场平均交易价格

22. 一般纳税人提供下列服务，可以选择简易计税方法按 5% 征收率计算缴纳增值税的是（　　）。

A. 公共交通运输服务

B. 不动产经营租赁

C. 建筑服务

D. 文化体育服务

23. 下列各项中，关于契税计税依据的说法正确的是（　　）。

A. 契税的计税依据不含增值税

B. 买卖装修的房屋，契税计税依据不包括装修费用

C. 承受国有土地，契税计税依据可以扣减政府减免的土地出让金

D. 房屋交换价格差额明显不合理且无正当理由的，由税务机关参照成本价格核定

24. 下列各项中，关于城镇土地使用税减免税优惠的说法正确的是（　　）。

A. 企业的绿化用地免征城镇土地使用税

B. 港口的码头用地免征城镇土地使用税

C. 事业单位出租的土地免征城镇土地使用税

D. 农业生产单位的办公用地免征城镇土地使用税

25. 下列占用耕地的行为，不征收耕地占用税的是（　　）。

A. 农田水利设施占用耕地

B. 医院内职工住房占用耕地

C. 城区内机动车道占用耕地

D. 专用铁路和铁路专用线占用耕地

26. 船舶吨税的纳税人未按期缴清税款的，自滞纳税款之日起至缴清税款之日内，按日加收滞纳金的比率是滞纳税款的（　　）。

A. 0.2%　　　　　　B. 0.5‰

C. 2%　　　　　　　D. 5%

27. 根据一般纳税人转让取得不动产的增值税管理办法规定，下列说法中正确的是（　　）。

A. 转让 2021 年自建的不动产，可以选择适用简易计税方法

B. 取得的不动产，包括抵债取得的不动产

C. 转让 2015 年取得的不动产，以取得的全部价款和价外费用扣除不动产购置原价后的余额为计税销售额

D. 取得不动产转让收入，应向不动产所在地主管税务机关申报纳税

28. 下列专项附加扣除项目中，纳税人不可以选择在个人所得税预扣预缴环节享受的是（　　）。

A. 子女教育　　　　B. 住房贷款利息

C. 赡养老人　　　　D. 大病医疗

29. 我国居民个人路某，2021 年取得来自境内甲上市公司的股票转让净所得 3 000 元，取得来自美国乙公司股票转让的净所得 20 000 元。另外，取得持有的境内丙上市公司股票分红所得 8 000 元，持有期限 7 个月。则路某 2021 年应缴纳的个人所得税为（　　）元。（不考虑取得的其他所得）

A. 4 800　　　　　　B. 5 000

C. 4 900　　　　　　D. 4 600

30. 下列项目所得，应按"劳务报酬所得"计征个人所得税的是（　　）。

A. 个人取得特许权的经济赔偿收入

B. 个人从非雇佣单位取得的营销业绩奖励

C. 出租汽车经营单位将出租车所有权转移给驾驶员的，出租车驾驶员从事客货运营取得的收入

D. 出租汽车经营单位对出租车驾驶员采取单车承包或承租方式运营，出租车驾驶员从事客货营运取得的收入

二、多选题

1. 甲啤酒厂为增值税一般纳税人，2021年6月，销售啤酒2吨，取得不含税收入5 000元，另收取包装物押金1 356元，双方约定啤酒的包装物于下月退还，并由甲厂退还全部押金。甲类啤酒消费税250元/吨，乙类啤酒消费税220元/吨。下列关于该啤酒厂相关消费税的税务处理，正确的有（　　）。

A. 甲啤酒厂销售的啤酒适用的消费税定额税率为220元/吨

B. 甲啤酒厂销售的啤酒适用的消费税定额税率为250元/吨

C. 甲啤酒厂6月销售的啤酒应缴纳消费税440元

D. 甲啤酒厂6月销售的啤酒应缴纳消费税500元

2. 下列行为中，应当征收资源税的有（　　）。

A. 用于出口的自产应税矿产品

B. 用于销售的自产应税矿产品

C. 用于对外赠送的自产应税矿产品

D. 用于职工福利的自产应税矿产品

3. 以下销售额占全部销售额比重超过50%的纳税人，适用增值税15%加计抵减政策的有（　　）。

A. 高新技术制造业　B. 文艺创作业

C. 教育业　　　　　D. 旅游业

4. 下列选项中，可以免征增值税的有（　　）。

A. 个人出售2年以上住房

B. 个人销售自建自用住房

C. 纳税人提供技术转让、技术开发和与之相关的技术咨询、技术服务

D. 个人转让著作权

5. 下列各项中，关于增值税征收范围一般规定的相关叙述正确的有（　　）。

A. 增值税征税范围包括货物的生产、批发、零售和进口四个环节以及提供的加工、修理修配劳务、销售服务、无形资产或者不动产

B. 货物是指除土地、房屋和其他建筑物等一切不动产之外的有形动产，不包括电力、热力和气体

C. 单位或个体工商户聘用的员工为本单位或雇主提供加工、修理修配劳务不征收增值税

D. 销售货物是指有偿转让货物的所有权，这里的"有偿"除包括取得货币外，还包括取得货物或其他经济利益

6. 根据消费税的有关规定，下列行为应征收消费税的有（　　）。

A. 某企业外购大包装润滑油不经加工只贴商标后销售

B. 某酒厂自产酒精用于生产白酒

C. 某化妆品生产企业将外购高档化妆品大包装加工成小包装后销售

D. 某企业收回委托加工的已税烟丝直接销售

7. 根据资源税法律制度规定，下列各项中应当征收资源税的有（　　）。

A. 用于连续生产应税产品的自产应税产品

B. 用于连续生产非应税产品的自产应税产品

C. 用于出口的自产应税产品

D. 用于出厂销售的自产应税产品

8. 依据增值税的法律制度规定，境外单位或个人在境内提供增值税应税劳务而在境内未设立经营机构的，增值税的扣缴义务人有（　　）。

A. 代理人　　　　B. 购买者

C. 境外单位　　　D. 境外个人

9. 纳税人应当向应税污染物排放地的税务机关申报缴纳环境保护税，下列属于应税污染物排放地的有（   ）。

   A. 应税大气污染物排放口所在地

   B. 应税水污染物排放口所在地

   C. 应税固体废物产生地

   D. 应税噪声产生地

10. 下列款项中，由销售方向购买方收取的可以并入销售额计税，属于价外费用（收入）的有（   ）。

    A. 延期付款利息

    B. 优质费

    C. 违约金

    D. 受托加工应征消费税的货物，由受托方代收代缴的消费税

11. 根据消费税的法律制度规定，下列各项中，应征收消费税的有（   ）。

    A. 高档手表　　　B. 高档护肤类化妆品

    C. 调味料酒　　　D. 高尔夫汽车

12. 下列委托加工行为中，受托方（非个体工商户）应代收代缴消费税的有（   ）。

    A. 汽车制造厂委托加工一批摩托车收回后全部用于继续生产摩托车

    B. 某企业将外购汽车底盘及配件委托加工成小货车自用

    C. 某企业委托加工一批高档化妆品收回后作为福利发给职工

    D. 某商场委托加工普通护发品用于直接销售

13. 下列各项中，符合现行教育费附加和地方教育附加规定的有（   ）。

    A. 现行教育费附加的征收比率统一为3%

    B. 地方教育附加征收比率统一为2%

    C. 教育费附加名义上是一种专项资金，但实质上具有税的性质

    D. 教育费附加以其纳税人实际缴纳的增值税、消费税额为计税依据

14. 下列关于烟叶税的说法中，正确的有（   ）。

    A. 烟叶税纳税地点是烟叶的收购地

    B. 烟叶税按月计征，纳税人应当于纳税义务发生月终了之日起15日内申报并缴纳税款

    C. 烟叶税以烟叶收购价款为计税依据征收

    D. 烟叶税的征税范围是晾晒烟叶和烤烟叶

15. 房地产开发企业销售新建的商品房，在计算土地增值税的过程中，允许单独计算扣除的项目有（   ）。

    A. 取得土地使用权所支付的契税

    B. 销售商品房缴纳的增值税

    C. 转让环节缴纳的教育费附加

    D. 直接组织、管理开发项目所发生的费用，包括工资、职工福利费、折旧费、修理费、办公费、水电费、劳动保护费、周转房摊销等

16. 根据《中华人民共和国企业所得税法》规定，下列关于企业合并实施企业所得税一般性税务处理的说法中，正确的有（   ）。

    A. 合并企业应按原有计税基础确定接受被合并企业各项资产和负债的计税基础

    B. 被合并企业及其股东都应按清算进行所得税处理

    C. 被合并企业的亏损不得在合并企业结转弥补

    D. 合并企业应按公允价值确定接受被合并企业各项资产和负债的计税基础

17. 依据企业所得税法律制度规定，下列关于境内税额抵免优惠的说法，正确的有（   ）。

    A. 企业购置并实际使用税法规定的环境保护、节能节水、安全生产等专用设备的，该专用设备投资额的10%可以从企业当年应纳税额中抵免

    B. 当年应纳税额不足抵免的，可以在以后5个纳税年度结转抵免

    C. 享受税额抵免企业所得税优惠的企业，应当实际购置并自身实际投入使用规定的专用设备

    D. 企业购置安全生产专用设备在5年内转让的，转让方可继续享受企业所得税优惠

18. 企业从事下列项目所得，免征企业所得税的有（   ）。

    A. 企业受托从事蔬菜种植

    B. 企业委托个人饲养家禽

    C. 企业外购蔬菜分包后销售

    D. 农机作业和维修

19. 关于国际税收协定的受益所有人，下列说法正确的有（   ）。

· 126 ·

A. 受益所有人是指对所得或所得据以产生的权利或财产具有所有权和支配权的人

B. 缔约对方政府一般不能直接判定具有受益所有人身份

C. 要按照"实质重于形式"的原则来认定受益所有人

D. 需结合具体案例的实际情况综合分析是否属于受益所有人

20. 下列应征房产税的有（　　）。

A. 企业办公用的房产

B. 军队出租的空余房产

C. 个人拥有的营业性房产

D. 宗教寺庙中宗教人员生活用的房产

21. 下列车船免征车船税的有（　　）。

A. 符合规定标准的纯电动商用车

B. 人民检察院领取常用牌照的车辆

C. 捕捞渔船

D. 符合规定标准的燃料电池商用车

22. 下列各项中，应征收契税的有（　　）。

A. 以获奖方式取得房屋产权

B. 买房拆料

C. 个人购买属于家庭唯一住房的普通住房

D. 以拍卖方式取得国有土地使用权

23. 根据城镇土地使用税纳税人的相关规定，下列说法正确的有（　　）。

A. 个人拥有土地使用权的，以个人为纳税人

B. 土地使用权出租的，以承租人为纳税人

C. 土地使用权属共有的，以共有各方为纳税人

D. 土地使用权属未确定的，以实际使用人为纳税人

24. 下列各项中，关于耕地占用税的说法正确的有（　　）。

A. 占用园地建设建筑物、构筑物或者从事非农业建设的，需要按规定缴纳耕地占用税

B. 耕地占用税由税务机关负责征收

C. 减免耕地占用税后纳税人改变原占地用途，不再属于减免税情形的，应当补缴耕地占用税

D. 医院内职工住房占用耕地的，应按照当地适用税额缴纳耕地占用税

25. 下列有关印花税的表述中，应缴纳印花税的有（　　）。

A. 商品储备管理公司及其直属库资金账簿

B. 按每件5元贴花税征收的其他账簿

C. 企业债权转股权新增加的资金

D. 以合并方式成立的新企业，新启用的资金账簿中记载的未贴花部分资金

26. 根据个人所得税法律制度的规定，下列关于个人捐赠支出的扣除规定表述正确的有（　　）。

A. 个人通过国家机关向贫困地区的捐赠支出，准予在税前全额扣除

B. 个人直接捐赠，不得税前扣除

C. 个人通过国家机关向农村义务教育的捐赠支出，准予在税前全额扣除

D. 个人通过国家机关向遭受严重自然灾害地区的捐赠支出，不超过应纳税所得额30%的部分，准予税前扣除

27. 下列关于年金的个人所得税政策，正确的有（　　）。

A. 年金单位缴费部分，在计入个人账户时，个人暂不缴纳个人所得税

B. 年金个人缴费部分，在不超过本人缴费工资计税基数10%标准内的部分，暂从个人当期的应纳税所得额中扣除

C. 超过规定的标准缴付的年金单位缴费和个人缴费部分，应并入个人当期的工资、薪金所得，依法计征个人所得税

D. 税款由建立年金的单位代扣代缴，并向主管税务机关申报解缴

28. 下列各项中，应按"利息、股息、红利所得"项目征个人所得税的有（　　）。

A. 以合伙企业名义对外投资分回利息

B. 个人取得的国债转让所得

C. 个人独资企业业主用企业资金进行个人消费部分

D. 职工以股份形式取得的企业量化资产参与企业分配获得的股息、红利

29. 根据企业所得税相关规定，下列选项属于免税收入的有（　　）。

A. 国债利息收入

B. 存款利息收入

C. 财政补贴

D. 符合条件的居民企业之间的股息、红利等权益性收益

30. 下列各项所得适用超额累进税率形式的有（ ）。

A. 工资、薪金所得　B. 股息所得

C. 财产转让所得　　D. 经营所得

三、判断题

1. 销售劳务的，纳税义务发生时间为提供劳务同时收讫销售款或者取得销售款凭据的当天。（ ）

2. 个人所得税的扣缴义务人和自行申报纳税人，可以不按税法规定的期限向税务机关进行纳税申报和缴纳税款。（ ）

3. 其他配制酒按消费税税目税率表"白酒"适用税率征收消费税。（ ）

4. 根据税法规定，个人所有的非营业用房缴纳房产税。（ ）

5. 境内单位和个人租入外籍船舶的，征收车船税。（ ）

6. 纳税人销售的应税消费品，如因质量等原因由购买者退回，经机构所在地或者居住地主管税务机关审核批准后，可退还已缴纳的消费税款，但不能自行直接抵减应纳税款。（ ）

7. 印花税计税依据为各种应税凭证上所记载的计税金额。（ ）

8. 企业在收到客户预付款项时，因不符合收入确认条件，会计上将其确认为负债。（ ）

9. 税目是征税对象在应税内容上的具体化，它体现了征税的深度。（ ）

10. 向税务机关缴纳或解缴税款的单位和个人是纳税人。（ ）

11. 对已开具的发票存根和发票登记簿要妥善保管，保存期为10年，保存期满需要经税务机关查验后销毁。（ ）

12. 非居民企业在中国境内设立两个或者两个以上机构、场所的，经税务机关审核批准，可以选择由其主要机构、场所汇总缴纳企业所得税。（ ）

13. 担任中国境内企业董事或高层管理人员取得由境内企业支付的董事费或工资、薪金，不论个人是否在中国境外履行职务，均应申报缴纳个人所得税。（ ）

14. 纳税人在纳税申报期内若有收入，应按规定的期限办理纳税申报；若申报期内无收入或在减免税期间，可以不办理纳税申报。（ ）

15. 个体工商户使用或者销售存货，按照规定计算的存货成本，准予在计算应纳税所得额时扣除。（ ）

16. 对有逃避纳税义务的从事生产、经营的纳税人适用税收保全措施的程序为：纳税担保在先，税收保全居中，责令限期缴纳断后。（ ）

17. 对个人购买福利彩票、体育彩票，一次性中奖收入在1万元以下（含1万元）的，暂免征收个人所得税；超过1万元的，按超出部分计算征收个人所得税。（ ）

18. 公益性社会团体的认定，按照财政部、国家税务总局、民政部有关规定执行。（ ）

19. 纳税人也可以委托有税务代理资质的中介机构或他人代为办理纳税申报。（ ）

20. 纳税人、扣缴义务人逃避、拒绝或以其他方式阻挠税务机关检查的，由税务机关责令改正，可处1万元以下的罚款；情节严重的，处1万元以上5万元以下的罚款。（ ）

21. 城镇土地使用税由土地所在地的税务机关征收，其收入不纳入地方财政预算管理。（ ）

22. 房地产开发费用是指与房地产开发项目有关的销售费用、管理费用和财务费用。（ ）

23. 环境保护税采用超额累进税率。（ ）

24. 企业事业单位应当按照国家有关规定制定突发环境事件应急预案，报环境保护主管部门和

有关部门审查。（ ）

25. 房产税的计税依据是房产的计税价值或房产的租金收入。（ ）

26. 纳税人将原有房产用于生产经营，从生产经营之月起缴纳房产税。（ ）

27. 契税实行属地征收管理。（ ）

28. 对未取得排污许可证排放污染物的企业事业单位和其他生产经营者，可直接拘留其负责的主管人员和其他直接责任人员。（ ）

29. 应税大气污染物、水污染物按照污染物排放量折合的污染当量数确定计税依据。（ ）

30. 工业噪声按照超过国家规定标准的分贝数确定每月税额。超过国家规定标准的分贝数是指实际产生的工业噪声与国家规定的工业噪声排放标准限值之间的差值。（ ）

四、计算题

1. 位于甲市的坤成公司（增值税一般纳税人），2021年8月1日取得一块国有土地的使用权，用于开发建造住宅楼"新苑小区"，发生如下相关业务。

（1）按照国家有关规定缴纳土地出让金6 000万元，缴纳相关税费180万元。

（2）住宅楼开发成本为4 500万元，其中接受建筑安装服务支付的价款中有100万元未在发票备注栏注明建筑服务发生地名称及项目名称。

（3）能够按照项目计算分摊的利息支出发生额为500万元，其中包括30万元罚息，均能够提供金融机构贷款证明。

（4）住宅楼"新苑小区"于2022年4月1日竣工验收。4月底，将总建筑面积的85%对外销售，取得含增值税销售收入16 000万元，均签订销售合同；剩余部分尚未销售。

已知：坤成公司按照主管税务机关的要求进行土地增值税清算，并且按《中华人民共和国土地增值税暂行条例》规定的最高限额计算扣除房地产开发费用，假设与转让该房地产相关的可以抵扣的增值税进项税额为300万元。

要求：根据上述资料，回答下列问题（考虑地方教育附加）。

①出售住宅楼应该确认的增值税销项税额为（ ）万元。

A. 909.09   B. 990.99
C. 1 004.82   D. 900

②计算土地增值税时应扣除的开发成本金额为（ ）万元。

A. 3 740   B. 3 825
C. 4 400   D. 4 500

③计算土地增值税时应扣除的开发费用金额为（ ）万元。

A. 849.15   B. 949.65
C. 966   D. 982.65

④坤成公司应缴纳的土地增值税为（ ）万元。

A. 992.09   B. 1 016.18
C. 1 893.60   D. 1 897.20

2. 赵某系某高校退休教授，2021年下半年发生如下业务。

（1）为某广告公司提供平面设计服务，取得设计费150 000元以及方案创意奖励6 000元。

（2）将一套闲置住房对外出租，一次性预收全年租金32 000元。

（3）将境内一套位于天津市的别墅转让，取得转让收入5 200 000元，该别墅于2020年5月购进，购进时支付价款3 000 000元。

（4）将2015年购买的股票出售，取得收入120 000元，该股票的购买价款为80 000元。

（5）向香港某中介公司咨询投资业务，该公司不派人来内地，以邮件、电话方式提供咨询服务，赵某支付给香港公司咨询费10 000元、资料费1 000元。

(6) 将一项技术专利权转让国内某企业，取得收入 130 000 元。

已知：以上收入均为含税收入，不考虑新冠肺炎疫情期间的税收优惠政策。

要求：根据上述材料，回答下列问题。

① 赵教授提供平面设计服务应缴纳增值税（　　）元。

A. 2 830.19　　　B. 3 169.81
C. 1 456.31　　　D. 4 543.69

② 赵教授转让别墅应缴纳增值税（　　）元。

A. 0　　　　　　B. 104 761.90
C. 247 619.05　　D. 240 000.00

③ 赵教授应代扣代缴增值税（　　）元。

A. 0　　　　　　B. 320.39
C. 622.64　　　　D. 1 517.24

④ 赵教授合计应缴纳增值税（　　）元。

A. 241 678.23　　B. 252 162.74
C. 246 132.54　　D. 246 920.10

3. 某企业为增值税一般纳税人，2021 年 5 月经营状况如下。

(1) 用高粱生产的食用酒精作酒基，生产 42°清香白酒，当月销售 25 吨，开具的增值税专用发票上注明金额 20 万元。

(2) 将自产的食用酒精作为酒基，加入食品添加剂调制成 20°的配制保健酒（有国食健字批号），当月全部销售，开具的增值税专用发票上注明金额 22 万元。

(3) 以发酵酒为酒基，生产 14°青梅酒一批，将 90% 的青梅酒对外销售，开具的增值税专用发票上注明金额 36 万元、税额 4.68 万元，款项未收到。

(4) 将剩余 10% 的青梅酒用于生产酒心巧克力，采用赊销方式销售、不含税总价为 20 万元，货已经交付，合同约定 7 月 31 日付款。

已知：其他酒的消费税税率为 10%；白酒的消费税比例税率为 20%，定额税率为 0.5 元 /500 克。

要求：根据上述资料，回答下列问题。

① 业务（1）应缴纳的消费税为（　　）万元。

A. 2.5　　　　　B. 4.8
C. 6.5　　　　　D. 7.1

② 业务（2）应缴纳的消费税为（　　）万元。

A. 1.8　　　　　B. 2.2
C. 2.6　　　　　D. 3

③ 业务（3）应缴纳的消费税为（　　）万元。

A. 0　　　　　　B. 2.8
C. 3.6　　　　　D. 4.2

④ 业务（4）应缴纳的消费税为（　　）万元。

A. 0　　　　　　B. 0.4
C. 2　　　　　　D. 4

综合测试（六）

一、单选题

1.《中华人民共和国消费税暂行条例》关于消费税纳税义务人的表述所提到的"中华人民共和国境内"，是指生产、委托加工和进口应税消费品的（　　）在境内。

A. 生产地

B. 销售地

C. 起运地或所在地

D. 消费地

2. 某卷烟厂于6月研发生产一种新型卷烟，当月生产20箱作为礼品样品用于市场推广，没有同类售价。已知成本为50万元，卷烟的成本利润率10%，经税务机关批准，卷烟适用的税率为56%，则该批卷烟应缴纳消费税金为（　　）万元。

A. 70.68　　　　B. 46.55

C. 47.91　　　　D. 45.20

3. 下列环节既征收消费税又征收增值税的是（　　）。

A. 粮食白酒的生产和批发环节

B. 金银首饰的生产和零售环节

C. 金银首饰的进口环节

D. 化妆品的生产环节

4. 下列业务中，不征收消费税的是（　　）。

A. 高档化妆品厂将自产的高档香水用于换取生产资料

B. 高尔夫球具厂将自产的高尔夫球杆杆头用于连续生产高尔夫球杆

C. 鞭炮厂将自产的鞭炮用于抵偿债务

D. 4S店销售不含税价格在135万元以上的超豪华小汽车

5. 某烟草公司为增值税一般纳税人，2021年6月，进口卷烟400标准箱，海关核定的关税完税价格为300万元，关税税率为25%。甲类卷烟的消费税税率为56%加0.003元/支，乙类卷烟的消费税税率为36%加0.003元/支。则该烟草公司当月进口环节应缴纳的消费税为（　　）万元。

A. 214.31　　　　B. 577.50

C. 114.00　　　　D. 220.31

6. 根据消费税的法律制度规定，下列应税消费品中，实行从价定率办法计征消费税的是（　　）。

A. 黄酒　　　　B. 啤酒

C. 其他酒　　　D. 成品油

7. 下列消费品中，属于消费税征税范围的是（　　）。

A. 车身长度大于7米（含）且座位在10～23座（含）以下的大型客车

B. 洗发水

C. 合成宝石首饰

D. 轮胎

8. 下列各项中，关于城市维护建设税特点的表述不正确的是（　　）。

A. 城市维护建设税税款可以用来补充教育资金的不足

B. 城市维护建设税是随着增值税、消费税"二税"的征收而征收的

C. 城市维护建设税是根据城镇规模设计税率的

D. 城市维护建设税征税范围比较广泛

9. 位于A县的甲实木地板厂委托设在B市区的乙地板厂加工一批实木复合地板。地板加工完毕后，甲实木地板厂收回该批实木复合地板时，由乙地板厂代收代缴消费税20 000元。下列关于城市维护建设税的说法中，正确的是（　　）。

A. 应在甲实木地板厂所在地缴纳城市维护建设税1 000元

B. 应在乙地板厂所在地缴纳城市维护建设税1 000元

C. 应在甲实木地板厂所在地缴纳城市维护建设税1 400元

D. 应在乙地板厂所在地缴纳城市维护建设税1 400元

10. 下列各项中，不需要缴纳城市维护建设税的是（　　）。

A. 甲公司在境内销售高档化妆品

B. 乙公司进口小汽车

C. 丙公司在境内提供运输服务

D. 丁公司在境内提供餐饮服务

11. 土地增值税采用的税率形式是（　　）。

A. 超率累进税率　　B. 超额累进税率

C. 比例税率　　　　D. 定额税率

12. 根据规定，下列土地增值税的扣除项目中，不允许按实际发生数额扣除的是（　　）。

A. 取得土地使用权所支付的金额

B. 耕地占用税

C. 财务费用中的利息支出

D. 转让房地产时缴纳的城市维护建设税

13. 甲房地产开发公司（为增值税一般纳税人），2022年1月出售一栋新建办公楼，取得转让收入6 000万元（不含增值税）。开发该办公楼的有关支出如下。

（1）支付取得土地使用权的地价款及相关费用1 000万元。

（2）房地产开发成本2 800万元。

（3）房地产开发费用1 500万元，其中财务费用中利息支出500万元（包括10万元加罚的利息），能按房地产转让项目计算分摊并提供金融机构证明且未超过按商业银行同类同期贷款利率计算的金额。所在省人民政府规定，房地产开发费用扣除比例为5%。

（4）转让环节缴纳的相关税费为96万元。

根据上述业务，甲房地产公司计算土地增值税时准予扣除的房地产开发费用为（　　）万元。

A. 680　　　　　　B. 690
C. 190　　　　　　D. 1 500

14. 根据土地增值税法律制度的规定，对实行预征办法的地区，除保障性住房外，西部地区省份的预征率不得低于（　　）。

A. 2%　　　　　　B. 1.5%
C. 1%　　　　　　D. 3%

15. 土地增值税纳税人转让旧房及建筑物的评估价格是指（　　）。

A. 政府批准设立的房地产评估机构评定的重置成本价

B. 政府批准设立的房地产评估机构评定的重置成本价乘以成新度折扣率后的价格

C. 政府批准设立的房地产评估机构评定的重置成本价扣除累计折旧额后的价格

D. 政府批准设立的房地产评估机构评定的重置成本价扣除累计折旧额及评估费用后的价格

16. 甲煤炭生产企业位于A地，2021年7月从位于B地的乙煤炭生产企业购进原煤，取得增值税专用发票上注明金额100万元。甲企业将其与部分自采原煤混合洗选加工为选煤并在本月全部销售，取得不含税销售额为450万元，该批自采原煤同类产品不含税销售价格为200万元。已知A地选煤资源税税率为4%；B地原煤资源税税率为3%，选煤税率为2%。甲企业当月上述业务应缴纳资源税为（　　）万元。

A. 12　　　　　　B. 18
C. 14　　　　　　D. 6

17. 下列各项中，不征收资源税的是（　　）。

A. 从衰竭期矿山开采的矿产品

B. 商店销售矿泉水

C. 职工食堂领用自采的原煤

D. 生产销售钠盐

18. 根据规定，下列关于资源税的说法中，不正确的是（　　）。

A. 中外合作开采陆上、海上石油资源的企业不用缴纳资源税

B. 资源税实行从价计征或者从量计征

C. 自用应税资源产品的，其资源税纳税义务发生时间为移送应税资源产品的当日

D. 资源税按月或按季度申报纳税，不能按固定期限计算缴纳的，可以按次申报缴纳

19. 下列关于资源税的说法，正确的是（　　）。

A. 纳税人出口应税产品，不退资源税

B. 进口金属矿产品的私营企业属于资源税纳税人

C. 人造石油属于资源税征税范围

D. 《中华人民共和国资源税法》自2020年7月1日起实施

20. 下列各项中，不属于车辆购置税特点的是（　　）。

A. 征收范围有限　　B. 征收环节多样
C. 征税目的特定　　D. 采取价外征收

21. 根据车辆购置税法律制度的规定，下列关于车辆购置税退税的表述中，不正确的是（　　）。

A. 已缴纳车辆购置税的车辆退回生产企业的，准予纳税人申请退税

B. 办理退税时提供纳税人身份证明

C. 办理退税时提供生产企业退车证明和退车发票

D. 应退税额公式中使用年限的计算方法是，自纳税人缴纳税款的次日起，至申请退税之日止

22. 下列各项中，不属于办理车辆购置税退税应提供的资料有（　　）。

A. 车辆购置税退税申请表

B. 纳税人身份证明

C. 退车证明和退车发票

D. 车辆合格证明

23. 车辆购置税对应税车辆的购置行为课征，征收环节选择在车辆的（　　）。

A. 进口环节　　　B. 生产环节

C. 流通环节　　　D. 最终消费环节

24. 甲市烟草公司去邻县乙县收购烟叶，根据烟叶税的相关规定，烟叶税的纳税地点是（　　）。

A. 甲市

B. 乙县

C. 甲市和乙县各缴纳50%

D. 该省税务机关指定地点

25. 某卷烟厂为增值税一般纳税人，2021年5月收购烟叶6 000千克，收购金额为50万元，已开具烟叶收购发票，烟叶税税率为20%。下列关于烟叶税税务处理的表述，正确的是（　　）。

A. 卷烟厂代扣代缴烟叶税11万元

B. 卷烟厂自行缴纳烟叶税10万元

C. 卷烟厂代扣代缴烟叶税10万元

D. 卷烟厂自行缴纳烟叶税11万元

26. （　　）是指他国政府以不公平、不平等、不友好的态度对待本国输出的货物时，为维护本国利益，报复该国对本国输出货物的不公正、不平等、不友好待遇，对该国输入本国的货物加重征收的关税。

A. 加重关税　　　B. 反补贴关税

C. 反倾销关税　　D. 报复关税

27. 已申报进境，并且放行的保税货物，暂时进境没有缴纳税款，经批准不复运出境的，应当适用（　　）。

A. 装载该货物的运输工具申报进境之日实施的税率

B. 指运地海关接受该货物申报进口之日实施的税率

C. 海关接受纳税义务人再次填写报关单申报办理纳税及有关手续之日实施的税率

D. 海关发现该行为之日实施的税率

28. 2021年4月，甲公司将一批货物运往境外加工，出境时已向海关报明，并在海关规定的期限内复运进境。已知：该批货物50万元、境外加工费15万元、料件费8万元，出境前境内发生运输费和保险费1万元，复运进境发生运输费和保险费2万元。加工完成后的货物报关进境时的关税完税价格为（　　）万元。

A. 23　　　　　　B. 25

C. 75　　　　　　D. 73

29. 下列各项中，关于海关对进口货物完税价格估定的说法不正确的是（　　）。

A. 非进口商的要求，完税价格的估定方法应当按照顺序依次使用，不得颠倒顺序

B. 应进口商的要求，倒扣价格估价方法与计算价格估价方法可以颠倒顺序使用

C. 可以使用货物在出口地市场的销售价格进行估定

D. 按照相同货物成交价格估价时，如果有多批相同货物完全符合条件，应采用其中最低的价格

30. 2021年5月，甲公司进口一批货物，该批货物的买价为50万元，买方承担的境外包装材料费为1万元，另向采购代理人支付佣金3万元。该批货物运抵我国境内输入地点起卸前的运输费10万元、保险费4万元，运抵我国境内输入地点起卸后发生的运输费和装卸费为2.5万元。已知：该批货物适用的关税税率为20%。甲公司进口该批货物应缴纳的关税为（　　）万元。

A. 13　　　　　　B. 13.6

C. 12.8　　　　　D. 14.1

二、多选题

1. 根据"营改增"的有关规定，下列属于增值税视同销售服务的有（　　）。

A. 为本单位员工无偿提供搬家运输服务

B. 向客户无偿提供信息咨询服务

C. 为客户无偿提供广告设计服务

D. 向关联单位无偿提供交通运输服务

2. 下列各项中，不征收增值税的有（　　）。

A. 被保险人获得的保险赔付

B. 纳税人取得的与其销售货物、劳务、服务、无形资产、不动产的收入或者数量直接挂钩的财政补贴收入

C. 存款利息

D. 房地产主管部门或者其指定机构、公积金管理中心、开发企业以及物业管理单位代收的住宅专项维修基金

3. 根据增值税法律制度的规定，下列关于"营改增"纳税人销售额的确定表述中，正确的有（　　）。

A. 金融商品转让，按照卖出价扣除买入价后的余额为销售额

B. 一般纳税人提供的客运场站服务，以其取得的全部价款和价外费用，扣除支付给承运方运费后的余额为销售额

C. 贷款服务，以提供贷款服务取得的全部利息及利息性质的收入为销售额

D. 直接收费的金融服务，以提供直接收费金融服务收取的各类费用为销售额

4. 下列各项中，符合委托加工应税消费品应缴纳消费税规定的有（　　）。

A. 委托加工的应税消费品，其消费税的纳税人是委托方

B. 受托方代委托方购进材料加工应税消费品，按照受托方销售自制应税消费品缴纳消费税

C. 委托加工的应税消费品，按照受托方同类消费品的销售价格计算缴纳消费税；没有同类消费品销售价格的，按照组成计税价格计算缴纳消费税

D. 委托加工的应税消费品，其消费税纳税义务发生时间为纳税人提货的当天

5. 下列应税消费品中，准予扣除已缴纳消费税的有（　　）。

A. 外购已税烟丝为原料生产的卷烟

B. 外购已税润滑油为原料生产的润滑油

C. 外购已税杆头、杆身和握把为原料生产的高尔夫球杆

D. 外购已税珠宝玉石为原料生产的金基镶嵌首饰

6. 某化妆品公司将新研制的高档化妆品与普通护肤护发品组成化妆品礼品盒，每套不含税售价1 800元。其中，高档化妆品的生产成本为600元/套，普通护肤护发品的生产成本为300元/套。2021年6月，将100套化妆品礼品盒赠送给某演出公司试用。下列关于上述业务税务处理的表述中，正确的有（　　）（高档化妆品成本利润率5%，消费税税率为15%）。

A. 礼品盒中的普通护肤品需要按照高档化妆品适用税率计算缴纳消费税

B. 该化妆品公司应就赠送行为缴纳消费税27 000元

C. 将礼品盒赠送给某演出公司，不需要缴纳消费税

D. 普通护肤护发品不属于应税消费品，礼品盒中的普通护肤品不缴纳消费税

7. 某鞭炮厂（增值税一般纳税人）用外购已税的焰火继续加工高档焰火。2021年5月，销售高档焰火，开具的增值税专用发票上注明销售额1 000万元；本月外购焰火取得增值税专用发票上注明金额400万元，月初库存外购焰火60万元，月末库存外购焰火50万元，相关发票当月已认证。下列表述中，正确的有（　　）（上述价格均不含增值税，鞭炮、焰火消费税税率为15%）。

A. 该鞭炮厂计算缴纳消费税时，可以按照本月生产领用数量计算扣除外购已税鞭炮、焰火已缴纳的消费税税款

B. 该鞭炮厂计算缴纳消费税时，可以按照当月购进的全部已税焰火数量计算扣除已纳的消费税税款

C. 该鞭炮厂计算缴纳增值税时，当月购进的全部已税鞭炮、焰火支付的进项税额可以从当期销项税额中抵扣

D. 该鞭炮厂计算缴纳增值税时，按照本月生产领用外购已税鞭炮、焰火支付的进项税额可以从当期销项税额中抵扣

8. 下列关于《中华人民共和国消费税暂行条

例》有关规定的表述,正确的有（　　）。

A. 卷烟的计税价格由国家税务总局核定

B. 卷烟的计税价格由卷烟所在地的主管税务机关核定

C. 啤酒消费税单位税额按照包括包装物押金（不包括重复使用的塑料周转箱押金）在内的出厂价格划分档次

D. 非标准条包装卷烟折算成标准条的实际销售价格高于计税价格的,应按折算标准条包装后的实际销售价格确定适用比例税率

9. 下列关于城市维护建设税和教育费附加的表述中,正确的有（　　）。

A. 对国家重大水利工程建设基金,免征城市维护建设税和教育费附加

B. 对实行增值税期末留抵退税的纳税人,允许其从城市维护建设税、教育费附加的计税依据中扣除退还的增值税税额

C. 对因减免税需要进行增值税、消费税退库的,不可以退还已缴纳的城市维护建设税

D. 对出口产品退还增值税、消费税的,可以同时退还已缴纳的城市维护建设税

10. 下列收入中,应征收城市维护建设税的有（　　）。

A. 增值税一般纳税人销售国产抗艾滋病病毒药品取得的收入

B. 个人出租住房取得的收入

C. 增值税一般纳税人提供设计服务取得的收入

D. 增值税一般纳税人提供国内旅客运输服务取得的收入

11. 房地产开发企业土地增值税清算时准予扣除的项目有（　　）。

A. 取得土地使用权所支付的金额

B. 房地产开发成本

C. 房地产开发费用

D. 加计扣除20%

12. 下列各项中,属于土地增值税核定征收情形的有（　　）。

A. 纳税人按照规定应当设置但未设置账簿的

B. 纳税人擅自销毁账簿的

C. 纳税人申报的计税依据明显偏低,有正当理由的

D. 企业未按照规定的期限办理清算手续的

13. 甲煤矿开采企业为增值税一般纳税人,2021年5月,开采原煤10万吨。直接销售6万吨,取得不含增值税销售额1 800万元;将3万吨原煤移送加工洗选煤,将加工完成后的洗选煤全部对外出售,取得不含增值税销售额1 500万元;将800吨原煤移送加工居民用煤炭制品;另外,食堂和职工宿舍领用10吨原煤。原煤资源税税率为6%,洗选煤资源税税率为10%。根据上述业务,下列各项中,表述正确的有（　　）。

A. 直接销售原煤6万吨,销售时既征收增值税也征收资源税

B. 将3万吨原煤移送加工成洗选煤,移送时不征收增值税但征收资源税

C. 食堂和宿舍领用10吨原煤,领用时既征收增值税也征收资源税

D. 将800吨原煤移送加工居民用煤炭制品,移送时不征收增值税和资源税

14. 下列关于资源税税收优惠的表述,正确的有（　　）。

A. 煤炭开采企业因安全生产需要抽采的煤成（层）气,免征资源税

B. 从衰竭期矿山开采的矿产品,免征资源税

C. 纳税人开采应税产品过程中,因自然灾害等原因遭受重大损失的,免征资源税

D. 纳税人的免税、减税项目未单独核算的,不予免征或者减征

15. 下列资源税项目中,以原矿为征税对象的有（　　）。

A. 原油　　　　B. 天然气

C. 二氧化碳　　D. 钨

16. 下列各项中,关于资源税的表述正确的有（　　）。

A. 对取用地表水或者地下水的单位和个人既征收水资源税又征收水资源费

B.《中华人民共和国资源税法》以正列举的方式统一规范了税目,共设置了5个一级税目、16个二级子税目

C. 在中国境内开采原油的单位应按照规定缴

纳资源税

D. 征税对象为原矿或者选矿的,应当分别确定具体适用税率

17. 下列资源税应税产品中,减征30%资源税的有( )。

A. 从低丰度油气田开采的原油

B. 高含硫天然气

C. 三次采油

D. 从深水油气田开采的原油

18. 甲汽车制造公司为增值税一般纳税人,2021年6月发生的如下业务中,需要由甲汽车制造公司缴纳车辆购置税的有( )。

A. 将自产的1辆小汽车奖励给季度销售冠军

B. 将自产的2辆小汽车移送本公司销售部门使用

C. 将自产的3辆小汽车抵偿欠乙公司的货款

D. 因自身经营需要,购置汽车挂车2辆

19. 下列车辆中,享受车辆购置税税收优惠的有( )。

A. 国际组织驻华机构自用车辆

B. 回国服务的在外留学人员用现汇购买的1辆自用进口小汽车

C. 暂时来华居住专家进口1辆自用小汽车

D. 城市公交企业购置的公共汽电车

20. 根据车辆购置税的法律制度规定,下列各项中,以购置应税车辆时相关凭证载明的不含增值税价格为计税价格的有( )。

A. 受赠自用

B. 获奖自用

C. 拍卖取得并自用

D. 抵债取得并自用

21. 位于A市的甲汽车专卖店为增值税一般纳税人。2021年6月,进口6辆同类型小汽车,海关审定的关税完税价格为30万元/辆、关税税率为15%。其中,对外销售2辆取得含增值税销售额113万元,1辆供店里自用,剩余的3辆待售。小汽车消费税税率为25%。根据上述业务,下列说法正确的有( )。

A. 进口小汽车应缴纳的关税为27万元

B. 进口小汽车应缴纳的进口消费税为69万元

C. 进口小汽车应缴纳的进口增值税为35.88万元

D. 应缴纳的车辆购置税为4.6万元

22. 下列各项中,关于车辆购置税的说法不正确的有( )。

A. 车辆购置税是一种间接税

B. 车辆购置税属于地方税

C. 减免税车辆不用纳税申报

D. 不需要办理车辆登记的车辆不需要缴纳车辆购置税

23. 甲卷烟厂为增值税一般纳税人,2021年1月20日向烟叶生产者收购一批烟叶(当期已经全部领用)用于生产卷烟,收购价款100 000元,价外补贴10 000元。根据上述业务,下列表述中,正确的有( )。

A. 甲卷烟厂应缴纳的烟叶税为22 000元

B. 甲卷烟厂应代扣代缴的烟叶税为22 000元

C. 甲卷烟厂可以抵扣的进项税额为13 200元

D. 应向甲卷烟厂所在地的主管税务机关申报缴纳烟叶税

24. 下列各项中,关于烟叶税的表述符合规定的有( )。

A. 烟叶税的征税对象包括生烟叶、熟烟叶、烤烟叶

B. 烟叶税实行比例税率,税率为20%

C. 纳税人应当自纳税义务发生之日起15日内申报纳税

D. 烟叶税的征收管理依照《中华人民共和国烟叶税法》和《中华人民共和国税收征收管理法》执行

25. 下列各项中,关于烟叶税的表述正确的有( )。

A. 烟叶税按月计征,具体申报缴纳时间由当地人民政府视情形核定

B. 纳税人收购烟叶开具农产品收购发票,收购烟叶可以抵扣的进项税额=收购价款×(1＋10%)×(1＋20%)×扣除率

C. 烟叶税应纳税额=收购价款×(1＋10%)×20%

D. 烟叶税应纳税额以人民币计算

26. 按征税性质分类,关税可以分为( )。

A. 普通关税　　B. 优惠关税
C. 差别关税　　D. 进口关税

27. 下列情形中，适用最惠国税率的有（　　）。

A. 原产于与我国共同适用最惠国待遇条款的世界贸易组织成员国或地区的进口货物

B. 原产于与我国签订有相互给予最惠国待遇条款的双边贸易协定的国家或地区进口的货物

C. 原产于我国境内的进口货物

D. 原产于与我国签订含有关税优惠条款的区域性贸易协定的国家或者地区的进口货物

28. 下列各项中，应计入进口货物关税完税价格的有（　　）。

A. 由买方负担的与该货物视为一体的容器费用

B. 由买方负担的境外包装材料费

C. 作为货物向中华人民共和国境内销售的条件，买方必须支付的、与该货物有关的特许权使用费

D. 卖方间接从买方获得的该货物进口后使用的收益

29. 根据关税的现行规定，下列表述正确的有（　　）。

A. 出口货物的关税完税价格不包含出口关税

B. 进口货物的运输及其相关费用无法确定的，海关应当按照该货物进口同期的正常运输成本审查确定

C. 进口货物成交价格FOB是"船上交货"的价格术语的简称，又称"离岸价格"

D. 进口货物成交价格CIF是"成本加运费和保险费"的价格术语的简称，又称"到岸价格"

30. 根据关税法律制度的规定，下列项目中，享受法定减免税的有（　　）。

A. 无商业价值的广告品及货样

B. 规定数额以内的物品

C. 科教用品

D. 进境运输工具装载的途中必需的饮食用品

三、判断题

1. 烟叶税是以烟叶为课税对象，按烟叶收购金额的一定比例征收的农业特产税。（　　）

2. 超率累进税率是对单位征税对象规定固定的税额，一般适用于从量计征的税种。（　　）

3. 税率式减免是通过直接减少应纳税额实现减免税，包括全部免征、减半征收、另定减征额等。（　　）

4. 非固定业户或临时经营者向经营地主管税务机关申报纳税。（　　）

5. 进口货物向报关地海关申报纳税。（　　）

6. 税务会计以税收法规为依据，需要对财务会计信息做必要调整，而财务会计以会计准则为处理依据。（　　）

7. 小规模纳税人的具体认定标准为年应征增值税销售额600万元及以下。（　　）

8. 一般纳税人提供税率为6%的交通运输、邮政、基础电信、建筑、不动产租赁等服务。（　　）

9. 出口货物和发生的跨境应税行为，税率为零。（　　）

10. 房产产权未确定以及租典纠纷未解决的，不征收房产税。（　　）

11. 融资租赁房屋的房产税，由承租人自融资租赁合同约定开始日的次月起从租计征房产税。（　　）

12. 对以房产投资联营，投资者参与投资利润分红、共担风险的，按房产余值作为计税依据计征房产税。（　　）

13. 个人所得税汇算清缴只对取得的综合所得进行汇算。（　　）

14. 据个人所得税申报和缴纳的规定，税务机关应根据扣缴义务人所扣缴的税款，付给5%的手续费。（　　）

15. 个体工商户生产经营活动中，应当分别核算生产经营费用和个人、家庭费用；对于生产经营与个人、家庭生活混用难以分清的费用，计算

"经营所得"的个人所得税时，不得扣除。（　）

16. 购进货物发生非正常损失的增值税，包括购进货物发生非正常损失的进项税额和非正常损失的在产品、产成品所耗用的购进货物或应税劳务的进项税额。（　）

17. 委托代销按结算方式不同分为两种：一是以支付手续费方式委托代销，二是以不支付手续费方式委托代销。（　）

18. 销售劳务的，为增值税纳税时间提供劳务同时收讫销售款或者取得销售款凭据的当天。（　）

19. 委托加工应税消费品是指由委托方提供原料和主要材料，委托方只收取加工费和代垫部分辅助材料加工的应税消费品。（　）

20. 生产原料中废弃的动物油和植物油用量所占比重不低于60%，免征消费税。（　）

21. 现行消费税的征税范围，卷烟、白酒采用复合计征方法。（　）

22. 对最大设计车速不超过70千米/时，发动机气缸总工作容量不超过70毫升的三轮摩托车不征收消费税。（　）

23. 生产销售卷烟、白酒从量定额的计税依据为实际销售数量。（　）

24. 进口的应税消费品，其纳税义务发生时间为纳税人报关进口的当天。（　）

25. 在我国进口税为一栏税率。（　）

26. 个人工资、薪金所得计算个人所得税所采用的税率是超额累进税率。（　）

27. 个人所得税实行比率税率，基本税率为25%。（　）

28. 出租汽车经营单位将出租车所有权转移给驾驶员的，出租车驾驶员从事客货运营取得的收入，比照"工资、薪金所得"项目征税。（　）

29. 稿酬所得，是指个人因其作品以图书、报刊形式出版、发表取得的所得。（　）

30. 纳税人进口应税消费品，应当自海关填发海关进口消费税专用缴款书之日起30日内缴纳税款。（　）

四、计算题

1. 甲企业系增值税一般纳税人，主要从事小汽车的制造和销售业务。2021年6月有关业务如下：

（1）销售一辆定制小汽车取得含增值税价款226 000元，另收取手续费33 900元。

（2）将20辆小汽车对外投资，小汽车生产成本100 000元/辆，甲企业同类小汽车不含增值税最高销售价格为160 000元/辆，不含增值税平均销售价格为150 000元/辆，不含增值税最低销售价格为140 000元/辆。

（3）采取预收货款结算方式销售一批小汽车，25日签订合同，30日收到预收款1 130 000元（含增值税）。双方约定，8月15日发出小汽车，8月25日开具发票。

（4）生产中轻型商用客车200辆。本月将其中的5辆用于奖励本企业职工，剩余的195辆尚未销售。该中轻型商用客车每台售价240 000元（不含税）。

已知：小汽车消费税税率为5%。

要求：根据上述资料，回答以下问题。

①计算业务（1）甲企业本月应缴纳的消费税。

②计算业务（2）甲企业本月应缴纳的消费税。

③计算业务（3）甲企业本月应缴纳的消费税。

④计算甲企业本月应缴纳的消费税税额合计。

2. 甲礼花厂（增值税一般纳税人）2021年6月发生如下业务。

（1）委托乙厂加工一批焰火，甲厂提供的原材料成本为37.5万元。当月乙厂将加工完毕的焰火交付甲厂，开具增值税专用发票上注明加工费5万元。乙厂没有同类焰火的销售价格。

（2）将生产的A型组合焰火的80%以分期收款方式对外销售，合同约定不含税销售额36万元。6月28日收取货款的70%，7月28日收取货款的30%。当月货款尚未收到。另将剩余的20%焰火赠送客户。

已知：鞭炮、焰火的消费税税率为15%。

要求：根据上述资料，回答下列问题。

① 计算业务（1）中乙厂应代收代缴的消费税税额。

② 计算业务（2）中赠送客户的焰火消费税。

③ 计算业务（2）中准予扣除的已纳消费税税款。

④ 计算业务（2）中6月应缴纳的消费税税额。

⑤ 计算业务（2）中7月应缴纳的消费税税额。

3. 某商业企业系增值税一般纳税人，2021年5月发生如下业务。

（1）销售化妆品取得不含税销售收入400万元；采取以旧换新方式销售冰箱100台，新冰箱的零售价格为1.13万元/台，旧冰箱作价0.2万元/台，收取的含税差价款为0.93万元/台。

（2）采取预收货款方式销售电脑一批，当月取得预收款150万元，合同约定该批电脑于2021年6月15日发出；将闲置办公设备出租，租赁期为2021年5月到2022年6月，每月不含税租金15万元，当月预收2个月的租金。

（3）购入一批货物，取得的增值税专用发票上注明价款150万元、税额19.5万元；委托甲运输企业（增值税一般纳税人）运输货物，取得的增值税专用发票上注明运费5万元；接受乙广告公司（增值税一般纳税人）提供的广告服务，取得的增值税专用发票上注明价款20万元。

（4）月末进行盘点时发现，当月因管理不善造成上月购入的服装被盗，该批服装（已抵扣进项税额）账面价值为24万元，其中运费成本4万元，购入时均取得增值税一般纳税人开具的增值税专用发票。

要求：根据上述资料，回答下列问题。

① 计算该企业业务（1）的增值税销项税额。

② 计算该企业业务（2）的增值税销项税额。

③ 计算该企业当月准予抵扣的进项税额。

④ 计算该企业当月应缴纳的增值税额。

综合实训题

实训题

1. 某餐馆为增值税小规模纳税人，2022年6月取得含增值税的餐饮收入总额为15.45万元。计算该餐馆6月应缴纳的增值税税额。

2. 某小规模纳税人经营某项应税服务，适用3%的征收率。2021年5月发生一笔销售额为140 000元的业务并就此缴纳了增值税。6月该业务由于合理原因发生退款。（销售额均不含税）

假设6月该企业应税服务的销售额为160 000元，则6月最终的计税销售额是多少？

3. 某商贸公司（有进出口经营权）10月进口

货物一批。该批货物在国外的买价为50万元,另该批货物运抵我国海关前发生的包装费、运输费、保险费等共计20万元。货物报关后,公司按规定缴纳了进口环节的增值税并取得了海关开具的海关进口增值税专用缴款书。假定该批进口货物在国内全部销售,取得不含税销售额90万元。

已知:货物进口关税税率为15%,增值税税率为13%。请按下列顺序回答问题。

(1)计算关税的组成计税价格。

(2)计算进口环节应缴纳的进口关税。

(3)计算进口环节应缴纳增值税的组成计税价格。

(4)计算进口环节应缴纳增值税税额。

(5)计算国内销售环节的销项税额。

(6)计算国内销售环节应缴纳增值税税额。

4. 某化妆品生产企业为增值税一般纳税人,2021年6月15日向某大型商场销售高档化妆品一批,开具增值税专用发票,取得不含增值税销售额55万元,增值税税额7.15万元;6月20日向某单位销售高档化妆品一批,开具普通发票,取得含增值税销售额4.64万元。已知高档化妆品适用消费税税率15%,计算该化妆品生产企业上述业务应缴纳的消费税额。

5. 某啤酒厂2021年5月销售啤酒1 200吨,取得不含增值税销售额300万元,增值税税款38.35万元,另收取包装物押金23.4万元。计算该啤酒厂应纳消费税税额。

6. 某白酒生产企业为增值税一般纳税人,2022年4月销售白酒60吨,取得不含增值税销售额200万元。计算白酒企业4月应缴纳的消费税额。已知白酒适用比例税率20%,定额税率每500克0.5元。

7. 某化妆品公司将一批自产的高档化妆品用作职工福利,该批高档化妆品的成本为90 000元,无同类产品市场销售价格,但已知其成本利润率为5%,消费税税率为15%。计算该批高档化妆品应缴纳的消费税额。

8. 某鞭炮企业于2022年4月受托为某单位加工一批鞭炮,委托单位提供的原材料金额为88万元,收取委托单位不含增值税的加工费5万元,鞭炮企业无同类产品市场价格。计算鞭炮企业应代收代缴的消费税。已知鞭炮的适用税率为15%。

9. 某商贸公司,2022年5月从国外进口一批应税消费品,已知该批应税消费品的关税完税价格为90万元,按规定应缴纳关税18万元,假定进口的应税消费品的消费税率为10%。请计算该批消费品进口环节应缴纳的消费税税额。

10. 某卷烟生产企业,某月初库存外购应税烟丝金额为55万元,当月又外购应税烟丝金额500万元(不含增值税),月末库存烟丝金额45万元,其余被用于当月生产卷烟领用。请计算卷烟厂当月准许扣除的外购烟丝已缴纳的消费税税额。已知烟丝适用的消费税税率为30%。

11. 2021年11月8日,甲公司收到已被证实虚开增值税专用发票共40份,税额合计830万元。A市税务局做出对其追缴增值税税款的决定。2021年10月10日,A市税务局对甲公司2019年1月1日至2021年9月30日的涉税情况进行了检查。发现甲公司2021年收到已被证实虚开增值税专用发票40份,税额830万元。

公告显示,经税务部门核实,上述发票所涉货物款项甲公司通过银行转账方式全部打款,未发现资金回流情况,相关货物检查单、入库单等均齐全无误。税务机关检查组对企业法人、采购业务员等人员进行询问,证实甲公司与销售方存在真实交易,专用发票注明的销售方名称等全部内容与实际相符,表示甲公司不知道销售方提供的专用发票是以非法手段获得的。A市税务局依据相关规定,决定向甲公司追缴增值税税款合计830万元,不加收滞纳金。

根据上述资料回答下列问题。

(1)虚开增值税专用发票行为包括哪些?

(2)甲公司对收到已被证实虚开增值税专用发票,有哪些处理方式?

(3)A市税务机关对甲公司做出补缴税款但不加收滞纳金的决定,是否正确?简述理由。

(4)甲公司企业所得税税前能否扣除相应成本支出?

12. 某公司资料如下。

(1)实收资本同比增长100万元。

(2) 与银行订立一年期借款合同，借款金额300万元，年利率5%。

(3) 与甲公司订立以货换货合同，本公司货品价格350万元，甲公司货品价格450万元。

(4) 与乙公司订立受托加工合同，乙公司提供价值80万元原材料，本公司提供价值15万元辅助材料并收加工费20万元。

(5) 与丙公司订立技术转让合同，转让收入由丙公司统一实现利润30%支付。

(6) 与货运公司订立运送合同，载明运送费用8万元（其中含装卸费0.5万元）。

(7) 与铁路部门订立运送合同，载明运送费用及保管费用共计20万元。

要求：逐项计算该公司应缴纳印花税。

13. 某运输公司与甲公司2021年3月签订了一份运输保管合同，注明运费45万元，保管费10万元；以价值60万元的仓库作抵押，从银行取得抵押贷款80万元，并在合同中规定了还款日期，但是到了还款日期后，由于资金周转困难无力偿还，按合同规定将抵押财产的产权转移给银行，签订了产权转移书据。该运输公司以上经济行为应缴纳印花税多少元？

14. 某电厂与某水运公司签订了两份运输保管合同。第一份合同中注明运费30万元，保管费10万元；第二份合同载明的费用合计为50万元（运费和保管费并未分别记载）。电厂与水运公司签订的两份合同共计应缴纳印花税多少元？

15. 某企业为居民企业，2021年发生经营业务如下。

(1) 取得产品销售收入4 000万元。

(2) 应结转产品销售成本2 600万元。

(3) 发生销售费用770万元（其中，广告费650万元），管理费用480万元（其中，业务招待费25万元），财务费用60万元。

(4) 销售税金160万元（含增值税120万元）。

(5) 营业外收入80万元，营业外支出50万元（含通过公益性社会团体向贫困山区捐款30万元，支付税收滞纳金6万元）。

(6) 计入成本、费用中的实发工资总额200万元，拨缴职工工会经费5万元，发生职工福利费31万元，发生职工教育经费7万元。

要求：计算该企业2021年度实际应缴纳的企业所得税。

16. 某房地产开发公司建造并出售了一幢写字楼，取得销售收入1 200万元（营业税税率为5%，城市维护建设税税率为7%，教育费附加征收率为3%）。该公司为建造该写字楼支付的地价款为120万元，建设该写字楼发生的开发成本为220万元（注：该公司因同时建造其他商品房，不能按写字楼计算分摊银行贷款利息支出）。假定该公司所在地政府确定的费用扣除比例为10%。请计算该公司转让写字楼应缴纳的土地增值税税额。

17. 某房地产开发企业将其开发的一幢写字楼出售，共取得收入3 800万元。企业开发该项目支付土地出让金600万元，房地产开发成本为1 400万元，专门为开发该项目支付的贷款利息120万元。为转让该项目应当缴纳营业税、城市维护建设税、教育费附加及印花税共计210.9万元。当地政府规定，企业可以按土地使用权出让费、房地产开发成本之和的5%，计算扣除其他房地产开发费用。税法规定，从事房地产开发的企业可以按土地出让费和房地产开发成本之和的20%加计扣除。

18. 某房地产企业以一幢房屋（已使用5年，八成新）作为抵押向银行借款1 000万元，但由于企业经营管理不善，资不抵债，经双方协商，将该房屋转让给银行抵偿贷款本息1 200万元。该房屋经当地政府批准设立的房地产评估机构评定的重置成本为1 200万元，请计算该企业应纳土地增值税税额（营业税税率为5%，城市维护建设税税率为7%，教育费附加征收率为3%）。

19. 某增值税一般纳税人，2021年9月30日转让其2016年1月1日购买的写字楼一层，取得转让收入1 000万元（含税）。该房产购入时取得购房发票上注明价款700万元，保留有合法有效凭证。

根据上述资料回答下列问题：

(1) 该房产持有环节和转让环节应缴纳的税费；

(2) 假如一般纳税人选择简易计税方法，计算应纳增值税额及账务处理；

（3）土地增值税如何确定扣除项目金额？

20. 请分别回答某增值税纳税人发生的下列各项增值税涉税事项，回答如何计征企业所得税的相关问题。

（1）增值税一般纳税人销售其自行开发生产的软件产品，按适用税率征收增值税后，对其增值税实际税负超过3%的部分实行即征即退，取得的即征即退增值税税款，由企业专项用于软件产品研发和扩大再生产并单独进行核算，对此如何处理？

（2）对月销售额15万元以下（季度45万元以下）的增值税小规模纳税人免征的增值税，如何处理？

（3）对增值税加计抵减优惠部分，如何处理？

（4）对企业取得的增值税留抵税额退税款与企业取得的出口退税款，如何处理？

21. 某企业于2022年签订如下合同，根据下述资料，请分别说明该企业签订的合同是否缴纳印花税？如需缴纳，简述计算缴纳印花税时的计税依据和适用税目。

（1）与律师事务所签订年报法律合同，审计费为20万元。

（2）与某公司签订一份受让期五年的专利技术合同，技术转让费按此项技术生产的产品实现销售收入的5%收取，每年分别在6月和12月结算。

（3）与某材料供应商签订一份材料采购合同，合同金额为80万元；次月因生产计划变化，经与供应商协商减少采购数量，签订一份补充合同，合同金额修改为60万元。

（4）与国内甲公司签订委托定制产品合同，约定产品生产的原材料由甲公司提供，合同只约定定制产品总金额为20万元，未分别载明提供的材料款和加工费。

（5）与某运输公司签订运输合同，运输物品价值5 000万元，支付运费30万元。

22. 某房地产开发公司与某单位于2021年3月正式签署一幢写字楼转让合同，取得转让收入15 000万元，公司即按税法规定缴纳了有关税金（增值税税率为13%，城建税税率为7%，教育费附加为3%，印花税税率为0.5‰）。已知该公司为取得土地使用权支付的地价款和按国家统一规定缴纳的有关费用为3 000万元；投入房地产开发成本为4 000万元；房地产开发费用中的利息支出为1 200万元（不能按转让房地产项目计算分摊利息支出，也不能提供金融机构证明）。请计算该公司转让此楼应缴纳的土地增值税税额。

23. 某工业企业转让一幢20世纪90年代建造的厂房，当时造价100万元，无偿取得土地使用权。如果按现行市场价的材料、人工费计算，建造同样的房子需600万元，该房子为7成新，按500万元出售，支付有关税费计27.5万元。计算企业转让旧房时应缴纳的土地增值税税额。

24. 某市一家房地产开发企业系增值税一般纳税人，发生以下业务。

（1）2021年以22 000万元竞得一宗国有土地使用权，缴纳契税880万元。将该土地的50%用于开发建造住宅楼。

（2）开发期间发生房地产开发成本8 500万元（含公共配套设施发生的开发成本300万元，该配套设施建成后产权归全体业主所有），其中扣留工程质量保证金500万元，未开具发票。

（3）开发期间发生房地产开发费用3 100万元。

（4）2021年6月，该住宅楼竣工验收，全部对外销售，取得含税销售收入45 780万元，并开具增值税发票。

（5）2021年6月，将一处闲置的房屋出租，一次性收取租金含税63万元，采用简易计税方法计税。

（6）2021年6月，期初增值税留抵税额960万元。

已知：利息支出无法提供金融机构贷款证明，房地产开发费用当地政府规定按10%扣除，考虑地方教育费附加。

要求：根据上述资料，回答下列问题。

① 计算2021年6月该房地产开发企业应缴纳的增值税税额。

② 该企业销售住宅楼计算土地增值税时可以扣除的房地产开发成本金额是多少？

③ 该企业销售住宅楼计算土地增值税时可以扣除的房地产开发费用金额是多少？

④该企业销售住宅楼计算土地增值税时可以扣除的"与转让房地产有关的税金"金额是多少?

25. 某锡矿开采企业为增值税一般纳税人,2021年4月发生业务如下。

(1) 销售自采锡矿原矿30吨,取得不含税销售额75万元,另收取从坑口到车站的运输、装卸费用合计1万元(已取得增值税发票)。

(2) 将自采锡矿原矿20吨移送加工锡矿选矿16吨,当月全部销售,取得不含税销售额48万元。

(3) 购进锡矿原矿,取得增值税专用发票上注明的金额10万元,将购进锡矿原矿与自采锡矿原矿混合成原矿,当月全部销售,取得不含税销售额50万元,该批自采锡矿原矿同类产品不含税销售额35万元。

(4) 将自采锡矿原矿5吨用于抵偿债务,同类锡矿原矿最高售价2.55万元/吨(不含税),平均售价2.5万元/吨(不含税)。

已知:锡矿原矿和锡矿选矿的资源税税率分别为5%和4.5%。

根据上述资料,回答下列问题。

①业务(1)应缴纳的资源税是( )万元。

A. 3.36 B. 3.75
C. 3.80 D. 3.79

②业务(2)应缴纳的资源税是( )万元。

A. 2.16 B. 0
C. 2.5   D. 4.66

③业务(3)应缴纳的资源税是( )万元。

A. 0.75 B. 2.5
C. 0.25 D. 2

④业务(4)应纳的资源税是( )万元。

A. 0   B. 0.64

C. 0.56 D. 0.63

26. 某生产企业为增值税一般纳税人,货物适用增值税税率13%,2021年3月发生以下业务。

(1) 销售货物,开具增值税专用发票上注明金额200万元,款项尚未收到。

(2) 购进货物,支付价税合计金额90万元,取得一般纳税人开具的增值税专用发票,支付运费价税合计2万元,取得一般纳税人运输企业开具的增值税专用发票。

(3) 月末盘点库存材料时发现,2月购进的已抵扣进项税额的免税农产品(未纳入核定扣除范围)发生非正常损失,该批农产品成本80万元(含一般纳税人运输企业提供的运输服务成本1.5万元)。

(4) 转让2015年购入的商铺,取得价税合计1 000万元,商铺原购入价为500万元,该企业选择简易计税方法计税。

(5) 期初留抵进项税额5万元。

已知:该企业当月购进项目的增值税专用发票均已申报抵扣。

根据上述资料,回答下列问题。

①业务(2)可抵扣进项税额( )万元。

A. 10.58 B. 1.66
C. 10.36 D. 10.52

②业务(3)应转出的进项税额( )万元。

A. 8.86   B. 7.90
C. 7.2   D. 8

③业务(4)应缴纳的增值税( )万元。

A. 82.57 B. 67.62
C. 23.81 D. 41.28

REFERENCES 参考文献

[1] 黄玑. 税务会计习题与实训 [M]. 北京：人民邮电出版社，2020.

[2] 张孝光. 税务会计实训教程 [M]. 北京：人民邮电出版社，2019.

[3] 朱淑梅，孔令一，郭光. 税务会计综合模拟实训 [M]. 上海：立信会计出版社，2019.

[4] 刘彩霞. 税务会计实训 [M]. 北京：中国人民大学出版社，2017.

[5] 马殿平. 税务会计实训 [M]. 上海：上海交通大学出版社，2014.